A BRIEF HISTORY OF
SOCIAL DEVELOPMENT

社会发展简史

张仲实 ◎ 编译

中央编译出版社
CCTP Central Compilation & Translation Press

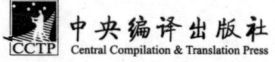

图书在版编目（CIP）数据

社会发展简史 / 张仲实编译 . —北京：中央编译出版社，2023.8
ISBN 978-7-5117-4456-2（2024.10重印）

Ⅰ . ①社… Ⅱ . ①张… Ⅲ . ①社会发展史 Ⅳ . ① K02

中国国家版本馆 CIP 数据核字（2023）第 116419 号

社会发展简史

出版统筹	张远航
责任编辑	何　蕾
责任印制	李　颖
出版发行	中央编译出版社
地　　址	北京市海淀区北四环西路69号（100080）
电　　话	（010）55627391（总编室）　（010）55627116（编辑室） （010）55627320（发行部）　（010）55627377（新技术部）
经　　销	全国新华书店
印　　刷	北京文昌阁彩色印刷有限责任公司
开　　本	710毫米 × 1000毫米　1/16
字　　数	164千字
印　　张	14.25
版　　次	2023年8月第1版
印　　次	2024年10月第 2 次印刷
定　　价	98.00元

新浪微博：@中央编译出版社　　**微　　信：**中央编译出版社（ID：cctphome）
淘宝店铺：中央编译出版社直销店（http://shop108367160.taobao.com）（010）55627331

出版前言

晚清民国时期，中国遭受前所未有的劫难，同时也是思想活跃、文化激荡的时期。在西方学术思想向中国传播过程中，中国人逐渐接受了西方哲学、西方政治学、西方经济学、西方心理学、西方伦理学，等等。通过翻译、学习、运用西方的学术思想，产生了一批贯通中西的本土学者，他们成为各学术领域的中流砥柱。一批先进的中国知识分子，还把发源于西方的马克思主义作为自己的理想信念，带领中国人民进行了翻天覆地的社会改造。

“回眸经典”由中央编译出版社发起整理，主要内容为晚清民国时期中国学者编译的国外经典学术著作，包括哲学、政治学、经济学、心理学、马克思主义等多个领域。这些经典学术著作联系着中国学术的过往，见证了中国学人披荆斩棘的拓进历程，记录了近代中国的沧桑巨变。我们整理、编辑这套丛书，既是向前辈学人在探索道路上的筚路蓝缕致敬，也是为当代学者了解中国近代学术思想的演进过程，提供比较完整的文献资料。

《社会发展简史》由张仲实编译。他是我国著名的马列著作翻译家、编辑出版家，曾任生活书店总编辑，新中国成立后，担任过中央编译局副局长。该书是关于社会发展史的通俗普及读物，前四章摘自苏联经济学家列昂节夫（又译“李昂节夫”）《政治经济学初学读本》的第二、第三章，后三章摘自《社会科学简明教程》第二讲“社会发展史”的第四、五、六节。一九四九年二月，新中国成立前夕，为应对中国共产党“理论准备不足”和急切学习马克思主义理论的需要，张仲实和胡乔木根据毛泽东的提议，拟定了十二种学习书目，它们分别是《共产党宣言》《社会主义从空想到科学的发展》《社会发展简史》《政治经济学》《帝国主义是资本主义的最高阶段》《国家与革命》《共产主义运动中的“左派”幼稚病》《论列宁主义基础》《苏联共产党（布）历史简要读本》《马恩列斯思想方法论》《列宁斯大林论社会主义经济建设》《列宁斯大林论中国》。毛泽东还亲自在书目上加上了“干部必读”四个字。一九四九年三月十三日,毛泽东在党的七届二中全会上的总结讲话中指出，要普遍宣传马克思主义，并指示党的干部要读好十二本“干部必读”。这套“干部必读”丛书从一九四九年六月出版《共产党宣言》，到一九五〇年九月出版《列宁斯大林论中国》，历时一年三个月。在此期间，全国多家出版社还多次重印再版各分册，印行总量数百万册。这套丛书在全国各地广泛传播，影响极大，“在一个比较长的时期内，一直是干部学习马列主义的基本教材，从思想上武装了一代中国共产党人”。

《社会发展简史》因其在中国共产党思想理论建设方面的特殊地位，在培养广大党员干部学会运用马克思主义的立场、观点和方法去分析和解决事情的能力方面，发挥了巨大作用。今天，我们推出这部著作，希望发挥其独特的学术价值。为方便读者学习，在不影响全书思想的情况下，我们对不太适合当今阅读习惯的部分字词进行了修订。如有不当之处，敬请批评指正。

张远航

二〇二三年八月于北京

目　录

一　谁是我们的祖先

美国的“猿猴诉讼”

十余年以前，在美国一个小小的达顿城里（属田纳西州），曾经发生了一件轰动听闻的官司。有一个年轻教师——斯哥布，被人控告，说他犯了重罪，因为他向自己的学生讲解说，人是由猿猴进化而来的。严厉的起诉书说道：要是人是由猿猴进化而来的，那么在这里上帝干什么呢?《圣经》上明明说道，上帝是依照自己的模样创造了人，这话怎样解释呢?

人们控告斯哥布，说他犯了反对宗教罪。和宗教是开不得玩笑的。资产阶级所深切关心的是劳动群众能盲目地信奉牧师们所说的故事，说上帝在六日之内创造了天地，第七日休息。宗教的麻醉是把统治权保持在剥削阶级手中的最有效的手段之一。宗教宣传对压迫和剥削之奴隶式的容忍。要是对于上帝的信仰打破了，那么，第二步对于剥削者阶级统治之牢固不破的信仰也就要打破了。所以，资产阶级不惜闹像达顿案件这样一场官司。

其实那位青年教师只不过把几十年以前即被科学所铁般确定的学理重述一下罢了。

劳动创造了人

人是由猿猴进化而来的。这对于人没有丝毫侮辱之处。这一真理，只是对于那些借口“高贵出身”而妄图统治的人，才是不惬意的。昔时的贵族就是以“碧血”和“白骨”自夸的[①]。

学者们认为，自地球上出现生命最初的征候以来，大概已经有一万万年了。几十万年以前，在热的地方居住过一种高度发展的类人猿。他们曾经成群地居住在树上。

树上的生活，使他们的两手渐渐地担任了跟两脚不同的工作。在地上行动的时候，这些猿猴多少可以直立起来。在数十万年间，我们祖先的手，便日益改进了。人的祖先，就由类人猿所能做的最简单的动作，非常缓慢地进化到更复杂的动作了。

“所以，——恩格斯说，——手不但是劳动底器官，它还是劳动底产物。”[②]

---

① 十月社会主义革命前，俄国贵族常常援引《圣经》上的话，说自己是“碧血”和“白骨”，以表明自己“出身高贵”，与普通人民——工人、农民不同。据说，在十月革命后有这么一个故事：有一次，一个农民与一个贵族在一个澡堂里一块儿洗澡，这个农民好奇地把那个贵族看了一下，说：“你的骨头还不是与我的一样的？”——译者注

② 恩格斯：《劳动在从猿到人转变过程中的作用》，中文本，四页。

人的劳动只是在制造工具的时候才开始的，虽然这工具是极简单的。动物也会拿取食物。其中有好多是用前爪取食物的。猴子也会丢石块和棍棒。但是，“没有一只猿手曾经制造过一把最粗笨的石刀”[①]。

当我们祖先的手，经过长期的改进与练习，而学会制造石刀和类似极简单的工具的时候，猿转化为人的一个决定性的步骤便完成了。

在这头一步开始之后，接着还前进了几步。两手在劳动动作上的专门化和直立行走，引起了我们祖先全部机体上的一系列变化。劳动扩大了眼界，创造了协同一致的共同动作的必要。发音分明的语言也有必要了。语言器官的相适应发展，便渐渐地满足了这一需要。

在劳动的影响之下，以及以后在有节语的影响之下，猿的脑筋也渐渐地改进，而变为人的脑筋了。感觉器官的发展是跟脑筋的发展同时并进的。

这样，劳动在猿转变为人这点上，就起了决定性的作用。在树上攀缘的类人猿群变为原始人的集团以前，曾经历了几十万年。使这个原始人类社会跟猿群不同的特征，乃是劳动。

动物只会消极地适应于自然界。猿群把它们所住的全部树林糟蹋光的时候，便移居到别一树林去了。要是这因为某种原因而不可能的话——假定猿群达到了它们所住的孤岛的岸边——那只有死亡了。

人依靠劳动，可以积极地作用于自然界。人造的工具，仿佛延长了他自身的天然器官。他所制造的渔猎工具，把他两手的力量增加了好几倍！

人的生长地是热的地方。在这种地方，植物繁多，费去少许劳动，即

① 恩格斯：《劳动在从猿到人转变过程中的作用》，中文本，三页。

可温饱。比方在亚洲南部各岛上，长着完整的西米树林（sago），人们把这种树的茎髓磨成粉末，可供食用。在此等地方，人们到树林里去采取粮食，好像我们到树林里去采薪一样。

劳动活动的发展，使人得以从热带移居于较温暖的地区。后来又移居于较寒冷的地方，这样一来，又造成了一系列新的要求：如需要衣服和房屋，以防御寒冷和潮湿。这些新的需要引起了新的劳动领域之必要，进一步改善人的能力之必要。

所以，恩格斯说得好："劳动创造了人类本身。"[①]那是完全正确的。

（列昂节夫：《政治经济学初学读本》第二章）

① 恩格斯：《劳动在从猿到人转变过程中的作用》，中文本，一页。

二 原始共产主义

我们的目的是无阶级的社会主义社会

俄国十月革命揭开了人类历史上的一个新时代。它以建设社会主义为自己的任务。在社会主义之下，人剥削人的事情，就消灭了。自一九三三年起，苏联所实施的第二次五年计划，其任务就是要建成没有阶级的社会主义社会。

斯大林于一九三三年二月在第一次全苏联集体农庄突击队员代表大会上的演说中说道：

“各民族的历史上有过不少的革命了。这些革命跟十月革命不同的地方，就在于它们都是片面性的革命。对劳动者的一种剥削形式被别种剥削形式取而代之，但是剥削本身仍是保留下了。一种剥削者和压迫者被别种剥削者和压迫者取而代之，但是剥削者和压迫者本身仍是保留下了。只有十月革命，才抱了消灭一切剥削，肃清所有一切剥削者和压迫者的目的。”

所以，苏联的目的，是在建设一个没有阶级和阶级差别的社会。阶级是永远存在的吗？有没有这样一个时期，那时人类社会还没有划分为各种不同的阶级，划分为剥削者和被剥削者？

这个问题对我们有着很大的兴趣。

阶级是否永远存在的?

资产阶级的仆役们千方百计想证明，社会之划分为各种不同的阶级，是不可避免的。对于钱袋的辩护士们所特别重要的，是把事情描写成这样：仿佛剥削者和被剥削者的存在乃是任何社会存在之永久而必要的条件。他们说教似地宣传，仿佛：

上天布置极贤明，
死者后嗣不同群：
一群应受他人养，
别群理须养他人。

在古罗马时代，当被剥削者起来反对自己的统治者的时候，统治阶级的一个辩护士说了一个谎话，他把社会比作人的机体，说人体有两手，可以执行任何工作；有胃，可以消化食物。同样，在社会上，应该有一部分人肩负各种劳动；应该有另一部分人，消费别人劳动的果实。老实说，后来替剥削阶级统治辩护的人们，他们在反对消灭人对人的剥削时，实在是跟这个极端卑劣的谎话相差不远的。

事实上，铁般的事实证明，人类在好多好多万年里并不知道有阶级的区分，不知道有阶级的统治和剥削。

是共同生活呢，还是离群索居?

也许在太古时代，由于人们离群索居这个简单的理由，而没有各种阶级吧?

有部有趣的小说，它写于二百年前，但是直到今日不论青年或成年人都以莫大的兴趣读着它。那部小说，是叙述一个英国水手名叫鲁滨孙的奇异事迹。他乘了一只船，驶到很远的海洋里，遇了难。鲁滨孙一人，不知怎么得救，就到达海岸，登上一个没有人迹的孤岛。他创造了有发明能力的奇迹，在一个人孤居的恶劣环境下，居然建设了自己的生活。他渐渐地学会了采取食物的种种方法：开垦土地，进行播种，猎捕山羊，采集果实。他给自己造屋、缝衣，并制造碗碟。

他过了好几年完全孤居的生活。在天气晴朗的一日，他得到了一个助手和仆人——星期五，他是本地土人，被鲁滨孙从死中救活。从此，星期五就做了鲁滨孙的忠实奴仆。

这部小说以艺术的形式叙述了关于人类过去的一定的表象。在太古时代，人们是孤居的。人们在独居生活中学会了跟自然界作斗争。后来强者和能者征服了弱者和落后者。于是产生了统治者和奴隶。当资产阶级在为政权而斗争的时候，该阶级的代表正是这样描写人类社会的发生的。

不过，小说中也许有趣的故事，并不适合于用作科学的说明。事实上，人类发展的幼年时期是跟鲁滨孙的生活没有丝毫共同之处的。

我们的类人猿祖先是群居的。原始的人也是群居的。只有在共同生活之下，人才能跟动物界分离。只有共同生活，人们才能在其发展的低级阶段上跟强有力的自然作斗争。不论劳动的发展也好，或语言的发展也好，要是没有人们的共同生活，那是不可能的。

从什么地方我们可以知道原始人类的生活?

在写《鲁滨孙漂流记》的那个时候，人们以为，想象漂流在荒岛上的一个人应做的事情，便可推知原始人们的生活。但是后来科学发现了很多比较可靠的材料，从这些材料中我们就可以知道人类生活最初时期的情形。

有一门科学，叫作地质学，它是研究地球构造的科学。在调查有益矿物层，如煤、石油、黄金、铁等，它是异常重要的。这门科学能准确地规定地壳某层形成的时间。这些地层之中有许多是非常古老的；它们自诞生以来有好几十万年之久了。

正是在这些古老的地层中掘出了原始人类的遗骨。根据这些骨骼可以判断出，这些人距离他们的祖先——类人猿还不很远。并且还掘出了由猿变为人的过渡模样——半猿半人模样。

有些地方掘出了比较晚近的人类之好多遗骨。同人的骨骼在一起的，还有那时人类所用的工具和什器。

我们知识的第二个重要来源便是研究蒙昧人部落的生活。现今地图上还有好多白点：调查研究者足迹还没有到过的地方。这些地方不仅是那不能攀缘的山巅或两极的冰漠，而且是人们可以居住的这样的地方。比如一九三五年初报纸上有这样一段消息说，在新几内亚岛（在澳洲）上，探险家深入一个四面为高山所屏蔽的广阔地域，他们在这里发现了一种土人部落，这种土人的存在，世上从来是不晓得的。

几百年以前，这种没有调查过的地方更多。有些旅行家在蒙昧人中间居住了好几年，研究了他们的生活。继大胆的旅行家之后而来的，则是欧洲列强的武装部队。他们用火和剑传播“西欧文明的光明”：掠夺蒙昧人，屠杀他们，把他们赶到深山、沼泽和荒漠里边去，把他们的土地变为殖民地。在探险家所研究过的部落中间，没有一个是处在人类发展的最低阶段上的。不过关于他们生活的记载，却成了研究人类社会生活初期的宝贵材料。

最后，我们的关于原始社会的知识之宝贵材料是语言，有许多字是由远古传来的。再则，人民的创作，如寓言、故事、歌谣等，在未成文之前，已经口传了几百年之久，这也有巨大的意义。

原始人是怎样生活的?

人们自从动物界中分离出来以后，在一个长久时期，在自然的威力面前，仍旧是非常软弱和束手无策的。起初人们还是半动物，他们是住在树上，以防备更凶猛的动物。

人们住在自己的生长地，在炎热的气候之下，以果实、核仁、根茎为食料。采集果实是人的基本职业。在这一阶段上，人们是群居的，正如他们的直接祖先一样。一群人数不多，很少超过三五十人。他们不分性别和年龄，统统从事采集果实、块根、野禾，捕捉小鸟和小兽。工具是由石头和木头做成的。棍棒是用以掘地，捉拿小兽。棒的一端，附有用粗磨的石头制成的利尖，并使用其他用石头和兽骨制成的简单工具。人是用杂乱的性交繁殖着。这种情形，为时很久。

火的发现和过渡到渔猎，才结束了“人类的这种幼年时期”。火的发现，在原始人类的历史上有着很大的意义。

“它（火）第一次给了人以支配一定自然力的权力，由此而使人最后脱离了动物界。”（恩格斯）

不过，在人学会摩擦取火以前，过了好多万年。

火使新的食物为人所接近了。他开始用鱼类、虾蟹以及种种水产动物做食物了。植物食料的范围也扩大了。猎捕更大的动物之事也出现了。在这一发展阶段，人已散居于较寒冷的地带，尤其是江河海洋沿岸。人学会了造屋。初期的住所，是由树枝架成的草屋。

弓箭的发明，更向前进了一大步。这时打猎可以获得更多的猎品。打猎的作用一天天增长。但是，打猎需要有某种的分工。妇女和小孩不从事打猎。妇女的任务是采集植物食料，并加以制作。打猎的成绩，是不经常的，常依机会幸运而定。采集植物食料，仍旧有大的作用。所以，妇女在这一时期，在劳动过程中起着极大的作用，并占着显著的地位。

澳洲土人初次看见英国侨民携着驮着东西的牝牛走，便以为这种牝牛是侨民的老婆。原来澳洲土人出外打猎，总是妇女肩负东西，正像牝牛一样：她背着家用杂物、一部分武器以及小孩，男子则轻快地走着。他手里拿的只是武器。他是在转移的时候获取食物的。

氏族公社

驯养动物和耕种土地，乃是原始人们生活上一个巨大的进步。这是畜牧业和农业的开端。劳动工具也随之而改进着。

人是按照身体四肢的模样制造了自己最初的工具。此种工具做了这些器官的加长和增强。比如钝器是照拳头的样子造成的，利器是照爪子或牙齿的样子造成的。最初的碗是按照手掬的形式制成的，钩是照弯曲的手指造成的。工具受实际需要的影响，日益改良。比如棒可作各种不同的用途。重击则用短棒，掘地则用鹤嘴器，打猎则用削成矛形的棒等。人学会了制造石斧。陶业也出现了。人可用火和石斧，挖木造舟。

在这一阶段，部落已经取原始“霍德”（群）的地位而代之。每一部落分为各个氏族。随着人口的增加，每一氏族又分为好几个附属氏族，附属氏族的人员，则由血缘的关系联结着。他们共同劳动，共同消费他们共同劳动所得的果实。在人类社会发展的这些低级阶段，还没有什么不平等现象存在的余地：人们由打猎、牧畜或由极原始的耕种所得的产品，仅够人们简单的生存之用，尚无剩余可言。

一切民族，在其发展的初期，都有过这种氏族公社的生活。不久以前，在那些文明国家的影响尚未侵入的地球上好多辽远的偏僻角落，在蒙昧人中间还完完全全地保存着这种原始公社，没有触动过。欧洲现代各个民族的祖先在一千年或一千五百年以前，还是过着氏族制度的生活。劳动在其主要的部分上带着共同的性质。马克思指出，这种原始公社里的共同劳动，是建立在下列两种情况上：第一是建立在生产资料的公社所有制上；第二是建立在各个人还没有脱离把他跟氏族联结起来的脐带，正像各个蜜蜂跟蜂巢联系起来一样。

人用自己原始的劳动工具，单独工作，往往是无力的。凡研究过部落和氏族生活的游历家都记述了集体打猎、集体捕鱼……

有位游历家说道，南美土人用石斧伐一棵树要费两天的劳动，如用普通的金属斧，一点钟就行了。但是为了耕种，地面上往往需要伐去树木。所伐的树木，被烧掉了，以肥沃土壤。

他们是用削尖的木棒挖松土地，然后代以最原始的鹤嘴器。几个人排成一列，都用尖棒同时动作，掘起土块，然后再把土块打碎。土地是全氏族的共同财产。共同应用的劳动工具，也是全氏族的集体所有。许多氏族，同居在一个共同的大屋里边，这种大屋，有时在一个屋顶下可容纳七百余人。

劳动生产品是如何分配的?

这样，劳动是共同的。粗糙的生产资料也是集体的所有制。劳动的果实也是公共消费的。

有位旅行家把印第安人伊洛魁部落的生活，描述如下：

“凡一家的某一人员，在打猎、捕鱼中或由种地所得的一切，都放在公共贮藏室里；家中人员都是靠公共的存品生活的。每家有几个炉灶，普通是每四间设一个灶。炉灶安置在走廊，没有烟囱。每家事务由主妇领导。各灶烧好每日的普通菜饭后，把主妇请来，由她按照各个家庭的需要，把食料分配给各个家庭。”

资产阶级的作家，对于人散布了极恶劣的毁谤，说只有私有财产才能迫使人劳动。有些研究原始部落生活的游历家，列举了好多例子，证明这种说法是荒谬绝伦的。关于澳大利亚土人有位旅行家说道：

“在黑巴尔部落中，预料所有男子，除了有病的以外，都要从事寻求食物。要是某一男子偷懒，躲在帐幕里，那么，他要受别人的耻笑与侮辱的。自清早起，男女老幼，都要离开帐幕，外出觅取食物。经过充分的时间后，男女携带获得品，至附近的穴内，放下薪柴，烧烤野禽。待长者把食物公公平平地分给各人后，男女老幼便和睦地吃。吃完之后，女的把残余的带回帐幕，男的又继续在路上打猎。”

有许多打猎的部落，在私有财产发生后，还把全族人员共分猎获品的习惯保持了好久。

原始的没有阶级的社会

原始的共产主义，便是如此。在这种制度之下，社会还没有划分成各种阶级。各民族和各部落，都有这一制度的各种不同的特点。然而，不仅有这些特点，一切民族发展的原始阶段，都显露了社会结构在基本轮廓上十足的相似。

资产阶级的学者，最害怕共产主义和消灭私有财产，他们企图把事情描写成这样：仿佛没有私有财产，那人类社会的存在和一般人的生活就成为不可能了。

人类社会的真实历史光辉地推翻了资本仆役们的这一谬说。事实上，人们曾经生活了好多万年，根本不知道什么是私有财产。

氏族制度是一种简单的，同时又是十分坚固的组织。在原始共产主义之下，还没有国家的任何征候。国家是在以后出现的，是随着私有财产的发生和社会的分为阶级而出现的。

“曾经有一个时候没有国家，那时共同的联系、社会本身、纪律、劳动的秩序，是靠习惯、传统的力量及氏族的长者或妇女所享的权威或尊重来维持的（那时妇女往往不仅占着跟男子平等的地位，有时甚至占着还要高的地位）。当时特殊的人物，专从事管理的专门家，是没有的。”①

在原始共产主义社会里，有好多事业是共同的。土地是公共的财产，经济也是共产主义式地经营的。然而所发生的任何纠纷和纷争，都是很容易共同和解的。没有贫穷的人，因为老者、病人以及在战争中或在打猎中残废的，都是由氏族来扶养的。

“凡与尚未败坏的印第安人接触过的白种人，对于这些野蛮人的自尊心、爽直、刚强、勇敢之赞叹，就表明了这样的社会产生了怎样的男女。”②

这样，我们看到，社会之分为剥削阶级和被剥削阶级，并不是每个社会的永久而不可避免的特质。相反的，人类社会曾经经历过一个非常长久的时期，不知道有阶级，也不晓得有剥削。

① 列宁：《论国家》，《列宁全集》第十四卷，三六六页；中文本，六页。
② 恩格斯：《家族、私有财产及国家之起源》。

原始社会的解体

恩格斯说：

“氏族制度没有统治与压迫之事，这件事实表现出了氏族制度的伟大，同时也表现出了它的有限性。”[①]

原始共产主义是跟人类社会生产力发展中的一定水平相适应的。但是生产力的发展，不是停滞在一个地方。它是在向前发展着，不过那时发展的速度是很缓慢的。人口是在日益增加和繁密着，劳动工具是在日益改进着，人的知识与才能也一天天在增加着。原始社会的旧形态也随之而动摇着。

家畜的驯养，引导到从原始社会的其他部落中分出了专从事牧畜的部落。这是第一个大规模的社会劳动分工。此时个别公社已有各不相同的生产品了。在游牧部落则出现了牧畜业的生产品：毛、肉、皮等。这便造成了各个部落之间发生交换的基础。最初交换是进行于各氏族公社的长者之间：牲畜成为主要的交换品。交换起初是发生于各部落相遇的地方；交换起初不是进行于公社的个别成员之间，而是进行于各种不同的公社之间。

年长者把交换集中在自己手中以后，便很快地养成一种习惯，把所交

① 恩格斯：《家族、私有财产及国家之起源》，一二〇页。

换的东西视为自己个人的私产了。于是牲畜也就逐渐变成了私有财产。

人由栽培植物的原始方法过渡到比较完善的耕种田地的方法。最初的耕具出现了。这种耕具套以家畜。从前耕田非十几个人的共同劳动不可，此时一个人即可耕种一块土地了。这样，劳动工具的改进创造了个体经营的可能性。于是土地的集体所有让位于私人所有了。

猎人武器的变为私有财产还要早些。人由简单的棍棒进到更复杂的打猎武器。但是这种比较复杂的武器，需有更多的技巧和智慧才能运用。打猎者应习惯于自己的戈矛或弓箭。在这里，随着人类劳动工具的进一步的发展，私有也就代替了公有。

各种阶级的发生

原始共产主义受生产力发展的影响而崩溃了。代之而出现的则是阶级社会。自从发现熔炼铁砂和发明文字后，原始社会时期就告终结，而文明时期也就开始了。马克思和恩格斯在《共产党宣言》一书中说，从这个时期起，人类社会的全部历史便是阶级斗争的历史。

阶级是怎样产生的？阶级的出现是跟社会发展的全部行程密切联系着的。

在发展的低级阶段上，一个人劳动所提供的生产品仅够养活他自己之用。在这种条件之下，还没有人剥削人之事。把战败的敌人，不是收容于自己的氏族内，便是杀死了。在这一阶段，甚至还碰到人吃人的事情。

牧畜业的发展，尤其是农业的发达，显著地提高了人的劳动之生产性。“家族是不像牲畜那样快地增加的。”[1]但看管牲畜，处处需要人。此时对待战争中所劫夺来的俘虏，也就不同了。把他们变成了奴隶。奴隶的劳动所生产的生产品，要多于他本人可怜的生活所需要者。所余下的便归奴隶占有者了。恩格斯说得好：

“从第一次大规模的社会分工中产生了社会第一次大规模的划分为两个阶级——统治者和奴隶，剥削者和被剥削者。”[2]

随着人学会了一切新的劳动种类与劳动方法，就发生了劳动分工的更进一步的发展。人们学会了制造什器、各色各样的劳动工具以及各式的武器等。这一切渐渐地引导了手工业跟农业的分离。因而交换发展的基础也大大地扩充了。这是第二次大规模的社会分工。

随着土地、牲畜及劳动工具私人所有制的产生，也就造成了一种产生不平等增长的基础。恩格斯说：

“与自由人和奴隶的划分并行，出现了富贫的区别——即新的劳动分工所决定的社会之新的划分为阶级。”[3]

这样，我们看到，社会划分为诸阶级，只是在人类社会发展的一定阶段上才产生的。在好多万年间，人类生活不知道有什么阶级的差别。后来在社会生产发展的一定阶段才产生了各个阶级。划分为各对立阶级的社会，是在循着自己发展的一定道路前进的，这一道路又是没有阶级的社会之准备，不过这个没有阶级的社会已是在别一个基础上，是在无比更高的发展阶段了。恩格斯说：

① 恩格斯：《家族、私有财产及国家之起源》，七六页。

② 同上，一九〇页。

③ 同上，一九三页。

“阶级是在灭亡着，它们是在不可免地灭亡着，正像它们过去不可免地要产生一样。”[①]

原始共产主义的残余

自从原始共产主义崩溃以来，已过了几千年了。然而这一制度的许多残余，却显露了显著的生活力！

好多人都还回忆起我国的农民公社。土地是为全体农民“公社”公共使用的，正常地进行重新分配。封建地主和沙皇政府，则长期保护农民公社，以免崩坏。这对他们是有利的。因为在公社保存之下，便于剥削农民，征收捐税等。自一九〇五年革命后，沙皇政府才开始破坏公社制度的残余：它竭力想造成一种殷实的富农，作为自己的支柱。

在先进的资本主义国家里，也还保存有土地公社占有制的若干残余。牧放牲畜的公共草场，即其一例。

但是在那些以缓慢速度发展的国家里，公社制度的残余就无比地厉害了。此等国家，自确立阶级统治和产生国家后，曾经过了好几千年，在乡村里还往往保存有公社制度。印度就是一个例子。马克思在《资本论》第一卷四〇五—四〇六页中关于十九世纪中叶还保存的印度公社，叙述如下：

“印度各部分还存在着各种不同的公社形式。在最简单的公社里面，

① 恩格斯：《家族、私有财产及国家之起源》，二〇四页。

土地的耕种是共同进行的，并且生产品是由各个社员互分的；同时每家还独立从事纺纱织布，等等，视为家庭副业。与这种从事同样劳动的群众并列的，我们看到，还有一个‘社长’，他身兼裁判官、警察官、收税官三个职务；一个司账员，他计算耕作，并登记与此有关的一切；一个三等官吏，他查办犯人，保护外来旅客，并导引他们游历各村；一个边界守护员，他看守本社边界，防御邻社侵害；一个水池监视员，他从公共水池分配灌田所需之水；一个婆罗门教主，他司理宗教仪式职能；一个教师，他在沙地上，教育公社儿童读书识字；一个掌管历书的婆罗门教主，他以占星学者资格，指示播种、收获日期及对各项农务一般利与不利的日子；一个铁匠和一个木匠，他们制造和修理一切农具；一个陶器匠，他制造全村所用的碗碟；一个理发匠；一个洗衣工，洗涤一切衣服；一个银匠；有的且有一个诗人。这种诗人在有的公社里兼做银匠，在有的公社里则兼做教师。上述这些人，都由公社供养。要是人口增加，那么依照老的榜样在未开垦的土地上重组一个新的公社。”

原始民族与资本主义

在十九世纪，地球上还有不少住着原始部落的广大地区。这些地方一个一个都被资本主义列强所侵占了。原始部落则被剿灭殆尽。

有位资产阶级的政治家，把侵占殖民地的方式，用以下简单的话表现出来：“起初是传教士，然后是商人，最后便是军舰。”实际上，假仁假义的传教士，通常总是臭名远扬的资本主义欺诈“文化”的头等侦探。他们似乎是为“拯救”土人的“灵魂”而来的。跟着他们的足迹而来的，则是一批贪欲的“商人”，他们用欺骗、麻醉及公开掠夺的方法，夺取土人的珍贵生产品（象牙、柔皮、棉花、咖啡等），以与低廉的劣货相“交换”。这种“贸易”开始后，经过相当时期，便出现了武装力量，这种武装力量用火和剑在新的殖民地领土上，耀武扬威，使它们隶属于西班牙的、葡萄牙的、比利时的或英国的国王。对于国王的新臣民课以苛重的捐税。水手、兵士及各种黑暗的冒险家——把梅毒及其他病症，闪电似的传布于殖民地。大量运入殖民地的唯一工业品，那便是酒。疾病与酗醉引导到整个民族好像遭受大灾难似的、很快地死亡殆尽。这就是一幅资本主义赐给还未脱离原始状态的落后民族的“恩典”图画。

从家长制到社会主义

俄国资本主义也是这样经营苏联北极各地原始民族的。在这些地方，跟在别的地方一样，给苏维埃政权留下了苦重的遗产。

但是社会主义革命对于落后民族却开辟了一条新的道路。帝俄时代的警官、奸商、富农——总而言之，一切剥削者，都被铁的扫帚一扫而光了。开放了一条由死亡走上新生的广大道路。各种落后的民族都汇合于社会主义了。他们首次在苏联发现了自己的祖国。

苏联在北极的巨大开发工作是跟它对这些边远地方的土著居民的日常帮助和关心分不开的。近年来苏联光荣的北极水手们和飞行英雄们，勇敢的地下富源调查者们，都给北极灌输了新的生活。

在北极圈内产生了各种工业企业。创办了大规模的国营猎兽场。土著居民——猎户、畜鹿者——都加入集体农庄。这样，由于无产阶级专政的帮助，他们都由原始的社会形态直接转向最高的社会主义社会形态了。在半年过着北极夜的地方，已经建立了经常的航空交通。无线电把北极各个辽远偏僻的据点联络成了一个整体。

在极偏僻的地方，都开办了医院和学校。从前没有文字的各民族，都创造了字母。年轻的纳西人和伏古拉人，奥斯恰克人和亚留达人，都到社会主义祖国的各大中心来求学了。总之，列宁和斯大林的民族政策，使社会主义的光明照到了辽远的北极。

（列昂节夫：《政治经济学初学读本》第二章）

三　奴隶占有制度

剩余生产品是社会分成阶级的基础

随着原始共产主义的崩溃，而出现了一些完整的人们集团，这种集团，用典型的话说，是不种而割。出现了一些人们集团，他们是靠他人的劳动来生活的。不过要办到这一点，需要一个工作者的劳动所提供的生产品多于他本人的生存所需要者。我们已经看到，随着农业、牧畜业及家庭手工业的发展，劳动生产性的增加已使这种条件具备了。

现在一个工作者的劳动分成了两部分。一部分是创造工作者本人所应消费的生产品，以维持自己的生存。这是他的必要劳动。但是除了这项必要的劳动外，工作者现在还要耗费剩余的劳动。这种剩余劳动的果实，便落在剥削者的手中了。凡是没有剩余劳动的地方，也就没有奴隶占有者、封建主及资本家立脚的余地。

劳动生产性的增长，对社会开辟了更快地向前发展的可能性。不过剥削阶级却收获了这种日益增加的生产性之果实。只有将剥削制度消灭后，劳动生产性的增长才是给全社会服务的。

在阶级的社会里，是用种种方法从劳动者身上榨取剩余生产品的。榨取剩余劳动的方式，可使这一阶级剥削的形式与另一阶级剥削的形式区别开来。历史上已有三种剥削制度的形式，即奴隶占有制度、封建制度、资本主义。

奴隶与奴隶占有者

奴隶制度是剥削制度的头一个形式。“奴隶占有者与奴隶社会是分成阶级的头一个大划分。”（列宁）奴隶占有制度在古代世界：在古东方各国、在希腊、在罗马，统治了好几百年。

在奴隶制度之下，被剥削群众是其剥削者的财产。奴隶之属于自己主人，正如房屋、土地、牲畜等之属于他一样。奴隶被认为是属于他主人的一件物品；主人可以打死奴隶，并不负责。奴隶占有者视奴隶为其财产的一部分；主人财富的多寡，则看他的奴隶的数目有多少。

什么迫使奴隶去劳动呢？是毫不隐蔽的暴力。奴隶劳动，这是公开形式的强制劳动。只有赤裸裸的强制办法才迫使奴隶给主人工作。

往往奴隶是戴着手铐脚镣工作，为的叫他们不能逃走。在当时的帆船上，奴隶用铁链连着。在奴隶不戴脚镣而劳动的地方，则经常是监工的皮鞭监视着他们。

随着阶级统治的发生，国家也发生了。国家是一种暴力机关，它是为了制服被剥削者群众而创立的。

在奴隶制度时代，国家的各种形式，如君主政体、共和制等，就已经出现了。不论国家的形式如何，它总是奴隶占有者统治的机关。奴隶一般不算作社会的一员。

在统治阶级的代表者看来，奴隶制度乃是任何人类社会之完全天然的基础。古代伟大的思想家亚里士多德（他是奴隶占有者阶级的代表者）曾说：

“不论怎样，但是十分显明的，一些人就其天性说是自由的，而别一些人就其天性说则是奴隶；他们当奴隶是有益的和正当的。”

同样，现今资本的另一种坦白的仆役们也叫人相信，一些人就其天性说应握有巨额财富，别一些人就其天性说应给他们工作，工人作为被剥削者是有益的和正当的。

奴隶制的发生

奴隶制度是发生在原始共产主义的废墟上。在氏族公社的范围内发展起来的生产力之生长，突破了这种范围。

随着社会分工的最初几个步骤，创造了交换发展的基础。当时一切氏族都生产着同一的生产品，没有东西可以交换。随着劳动分工的发展，光景也就不同了。出现了一系列生产品，它们用作交换的对象。

公社的所有制让位于私人所有制了。在氏族内部，不平等渐渐发展起来。氏族的显贵分化出来。这是经济上比较强大的家庭。大宗财富积蓄在他们的手里。权力也集中在他们的手里。在战争期间，显贵的氏族则充作指挥。他们把在战争中夺得的俘虏作为奴隶，显贵的氏族便成了奴隶占有者。

在古代希腊，显贵人士主要是住在雅典及其近郊。雅典经营当时大量的海上贸易。海上贸易成了显贵人士发财致富的来源。大宗钱币集中在他们的手中。显贵富翁把这些钱以高利借予土地占有者。

当时希腊的田野里处处插着标志，上书：本地已以若干钱，押于某某人。若债款不能按期偿还给显贵的高利贷者，那田地即归他所有了。此时农民只要被允许做佃农，即以为满足。在此种情形之下，留给他的仅有收成的六分之一，其余六分之五则交给新的土地占有者了。

假使债户无力偿其债务的话，便把自己的子女卖作奴隶。随着奴隶占有制度的发展，债户本人也变成了奴隶。

从家庭经济到大生产

起初奴隶制仅带着偶然的性质，奴隶也不很多。他们的主人跟他们在一块儿工作。奴隶宁是工作中的助手或家中佣仆，例如厨子、马夫、侍役等。交换还不发达，凡生产的一切，差不多全为家中所消费了。这样，生产主要地还是自然的。

进一步的发展，便根本改变了情景。熔铁术的发现，带来了生产中的革命。不仅用铁制刀剑，而且用以制犁了。手工业用铁可作为制作各种制品的优良的材料了。耕种大块地也有可能了。

农业开始不仅供给粮食和菜蔬，而且供给酒及油了。纺织、铁业及其他手工业，一天比一天精巧起来。手工业已不是农业的单纯的点缀品了。手工业逐渐脱离农业了。交换日益扩大了。它在古代的时候，已经包括了一系列的国度。商业——尤其是各国之间的贸易，一天比一天发达起来。

于是显贵与不显贵之分，失掉了自己的意义。好多显贵的氏族，贫穷起来了。另外，不显贵的氏族当中也出现了在战争中或在贸易中发财的人们。恩格斯在《家族、私有财产及国家之起源》一书（一九三页）中说道：

“在前一个发展阶段上，刚刚发生而且偶然的奴隶制度，现在竟成了社会体系的一个主要构成部分；奴隶已不是简单的助手，现在把他们几十几十地赶到田野或手工场里去做工了。”

大规模的奴隶生产

于是发生了大规模的奴隶占有经济。这时富有的奴隶占有者，往往握有奴隶几百至几千。他们侵占了巨大的地面。造成了规模宏大的奴隶占有庄园。在古代罗马，此种庄园叫作“大庄园”（Latisundium）。

在广漠无边的田野里，大群的奴隶从日出做到日落。技术是非常低下的。在一块极肥沃的田地上，收成通常不超过原来种籽的四倍。甚至在奴隶制统治时代所建造的大建筑物，也是由巨量奴隶的筋肉劳动所造成的，他们是用极简单的工具工作的。奴隶主并不想设法减轻奴隶的劳动。除农业生产外，手工业、交通、贸易上也大量地应用奴隶劳动。

在奴隶占有制的希腊，曾盛行大规模的手工场。奴隶是按专门技能划分的。其中好多达到了高度的完善。不过生产仍是小规模的，劳动工具还是很少发展的。

海上运输对希腊有莫大的意义，其贸易大半是在海上进行的。当时希腊已有很大的船舶，用的桨有五十只的，有一百只的，有一百二十只的。司桨的通常都是奴隶。

“说话的工具”

在这个时期，对奴隶的剥削采取着特别残酷的形式。对待奴隶，比对待牲畜还要坏。而且在不断混战和债户破产而变为奴隶的条件下，奴隶的确比牲畜还便宜。例如，在古罗马，一匹骏马约值现在的货币四百卢布，而战争失败后的军事俘虏有时只卖几个卢布。

奴隶占有制的罗马，把工具分为三种：一是哑巴工具，一切器具都属于此项以内；二是半说话的工具，即牲畜；三是说话的工具，这就是奴隶的称呼。在奴隶占有社会的眼光中，奴隶跟一柄斧或一匹牛的区别，只在于他会说话罢了。在其余关系上，奴隶像牲畜或劳动工具一样，同为主人的财产。

在金矿中，对奴隶的剥削是特别残酷的。一位古罗马的著作家，把这一工作叙述如下：“这儿对病人、病弱的老人以及对孱弱的妇女，没有丝毫谦让和怜悯的余地。谁都要工作，稍有违抗，即加以鞭笞。只有死亡，才可使他们的痛苦和贫困告终。”

在采金中，为什么对奴隶劳动的剥削是没有限度的，这是很明白的。不论金子采了多少，奴隶占有者总是能够找到用处的。金子乃人人心爱的装饰品。尤其顶主要的，金子容易换得当时人们所晓得的任何物品。

但是别的生产品——农业和手工业的生产品，便不是这样了。比如古代的商业，甚至在其最繁盛的当儿，都没有包罗万象的性质。生产品的极大部分并不是出卖了，而是在大规模奴隶占有经济的内部消费了。

所以，奴隶劳动是完全不生产地耗费了。支配阶级耽于疯狂的奢侈。浪费的情形采取了空前未有的规模。为了满足奴隶占有者们的奇想怪癖，要耗费数千奴隶的辛苦劳动。

奴隶占有社会的技术

在奴隶占有制度之下，劳动是以非常低下的技术为基础的。甚至大规模的建筑，也是用大量耗费人的筋肉力量所造成的。在埃及，建造了巨大的皇陵——金字塔，其中赫奥普，高达一百三十七公尺，造于公元前三千年。十几万人搬运了三个月的石头。在古希腊，据亚里士多德的叙述，所用的器具有下述各种：斧、辘轳、轴、车轮、秤、滑车、滑车轮、舵、用铜或铁制的小齿轮等。

奴隶，对劳动生产性的提高，毫无兴趣。加以，他没有别的表示自己反抗的方式，往往以极恶劣的态度对待劳动工具，犹如奴隶占有者对待他一样。所以，给奴隶用的只是顶粗糙、顶拙笨而难损坏的工具。同时，奴隶占有者对提高劳动生产性一事，也不大有兴趣；因为反正有着大量的无酬的劳动力可以给他服务。所以，在奴隶占有制度下面，技术是停滞在很低的发展阶段的。

奴隶制度怎样成了社会发展的障碍?

在人类社会发展的一定阶段上，奴隶占有制度是前进了一步。从前是把军事俘虏杀掉了，现在把他们活留下，变作奴隶。其次，奴隶制度创造了农业和手工业之间更广大的分工的可能性。奴隶占有制度创造了大生产。在原始共产主义关系崩溃后，奴隶占有制度成了众多的工作者共同劳动的基础。共同劳动，甚至在劳动仍是用那最简单的工具时，总比个人单独的工作要生产得多些。

在奴隶占有社会里，尤有在古代希腊和古代罗马，科学和艺术的发展都达到了极高的阶段。这是用无数的奴隶群众的骨头造成的文化。

不过奴隶占有制度很快就碰到了它发展的界限。奴隶制度竟成了人类更进一步发展的路途上的障碍物。

奴隶占有国家进行了无穷的破坏性的战争。这些战争供给了新的大批奴隶。不过同时这些战争也摧毁了奴隶占有制度的基础本身。它们使自由的小农破产了，这种小农长年累月地出征作战，无暇经营事业。它们破坏了商业。总之，奴隶占有制度摧毁了自身的基础。

古希腊和古罗马的衰落

在古希腊，在雅典，在奴隶占有制度极昌盛的时期，自由的公民有九万，而奴隶则有三十六万五千，没有完全权利的公民——外人和被释放的奴隶，有四万五千。财富渐渐地聚集在少数人手里。大批自由的公民渐渐地赤贫化了。劳动乃是奴隶的命运。在自由民中间，劳动被认为是可耻的一回事。加以劳动又很少有成绩。在此种条件之下，自由的穷人，渐渐地像石沉海底那样地没落了。排斥了自由民劳动的奴隶制度，就把雅典引导到灭亡了。

希腊被罗马征服。奴隶占有制的罗马，在古代世界造成了广袤的帝国。罗马的军团征服了差不多那时所知晓的整个世界。不过在罗马，奴隶占有制度，势必走向衰落，正如从前在希腊的一样。

一位罗马作家把不断混战时期的古罗马的状况描写如下：

“富者握有大部分未分的土地。……而且他们是用奴隶来耕田种地、收养牲畜，因为自由人都征去入伍了。……这样一来，有权有势的人掌握了一切财富，全国到处都是一群一群的奴隶在做工了。由于贫困、苛捐及兵役种种缘故，自由民一天比一天减少了。而在和平时期，自由民也只有赋闲，无工作可言，因为富者握有一切土地，他们用奴隶代替自由人来耕田了。”

罗马人使被征服的土地，荒芜零落。他们把当地居民部分地变为奴隶。无穷无尽的税捐，贪婪的官吏之专横，当时大批军队的供养——这些都使经济破产了。罗马国家成了一台压榨属民膏血的巨大机器。

罗马达到了世界的统治。但是这一统治的终极结果是：“普遍的贫困化、交通之梗塞、工艺之衰落、人口之减少、都市之没落、农业倒退至最低的阶段。”①

奴隶占有制的大生产，其收入已经不能补偿所消耗的劳动了。销售其生产品的市场已经消灭了。不论在农业中，或是在手工业中，技术差不多没有变化。小经济衰落得更厉害。

大批破产的和被挤出轨道的自由人，都集中在城市里。奴隶占有者的国家，靠从奴隶剥削来的劳动，养活他们。在古罗马，此种人叫作无产

① 恩格斯:《家族、私有财产及国家之起源》。

者。上世纪有一个著作家说得很对，他说罗马的无产阶级跟现代的无产阶级是完全对立的：在资本主义之下，全社会是靠无产阶级生活的，而在古罗马时代，无产者则是靠社会生活的。

奴隶占有制度过时了。它走到了穷途末路：

“奴隶占有制在经济上是没有可能的了，自由民的劳动在精神上是被轻视的……要打破这种形势，只有根本的革命了。”[①]

奴隶的起义与奴隶占有制的灭亡

奴隶占有社会的历史，是被奴役的群众不断反抗其奴役者的斗争史。这一斗争，随着奴隶占有经济的衰落，而特别剧烈起来。奴隶的起义，是与破产的小农之斗争和野蛮人的进袭罗马相互交织在一起的。

在无数次的奴隶起义中，特别有名的是斯巴达克领导的一次（公元前七三—前七〇年）。斯巴达克的名字，对于凡为消灭人剥削人的制度而斗争的一切人，都是值得纪念的。一九一七年德国革命的工人成立了独立的组织，便取名“斯巴达克联盟”。在苏联，有许多工厂和集体农庄，也取了斯巴达克的名字。

斯巴达克的起义，开始于七十四个角斗士（斯巴达克亦在内）的逃走。在古罗马，凡在马戏院与激怒的野兽角斗的奴隶，叫作角斗士。为了奴隶占有者观众的取乐，角斗士要赴忠心的悲惨的死。有一次有一个角斗

① 恩格斯：《家族、私有财产及国家之起源》。

士逃走了，大批奴隶随声加入。斯巴达克集合了约一万人，击败了派来剿灭他们的军队。这一胜利引起了大批奴隶涌入起义者的阵营。罗马的兵士也大批地加入起义者。仅在惊惶失措的奴隶占有者政府派了十个精锐的军团前往镇压斯巴达克以后，起义者才开始遭受失败了。在这里，起义者阵营里面意见的不一致起了大的作用。斯巴达克的军队曾分裂为两部分，两部分都被击败了。斯巴达克在作战时阵亡了。失败的奴隶，遭受了非人的苦刑。

斯巴达克的起义虽然被击败了，但是关于他的纪念长久地活在被奴役的群众中间。在此后的数世纪，奴隶的起义此起彼伏。奴隶占有者以非人的残酷性，压服了这些运动。公元一、二两世纪，奴隶的起义，更加厉害。此种起义彻底摧毁了罗马昔日的威力。

奴隶是狂热地痛恶他们的压迫者的。可是他们没有清楚明白的目的。他们幻想恢复已经过了时的旧的家长制度。他们不能够创立坚固的组织来领导斗争。奴隶的起义，震撼了奴隶占有社会的基础。可是它们却不能结束一般的剥削。后来处在比较低的发展阶段的野蛮民族（日耳曼）之侵入，才结束了罗马帝国之存在，同时也结束了以奴隶制度为基础的社会。

“奴隶的革命，消灭了奴隶占有者，废止了奴隶占有制的剥削劳动者的形式，不过它却以农奴占有者和农奴占有制的剥削劳动者的形式来代替了它们。一种剥削者，被别种剥削者取而代之。”①

① 斯大林:《在第一次全苏联集体农庄突击队员代表大会上的演说》。

资本主义时代的奴隶占有经济

随着古代世界的灭亡，作为社会上统治体系的奴隶占有制度也消逝了。不过在下一时代，仍往往遇见奴隶制度的残余。

大规模的奴隶制度又重新出现于资本主义的初期。自发现美洲大陆后，欧洲人便把奴隶制度输入到那里去。被奴役的印第安人，很快地死亡于强迫劳动。他们的起义，被残酷地压服了。一个无耻的“英明”的殖民者说了一句老实话：“优良的印第安人，便是死的印第安人。”当时把非洲黑奴开始运入美洲。于是造成了一种专门的贩卖黑奴的强盗职业。投机的冒险家在非洲从事猎取黑人。用暴力和欺骗的方法，把黑人诱上船舶，运至美洲。好多黑人在途中，因不堪压迫而死掉了。留下活着的，则注定在美洲的种植园和矿厂内从事奴隶的劳动。

黑奴贸易乃是当时欧洲人利益最厚的一门生意。英国在这一点上获利尤多。利物浦这个大城市，就是专靠黑人贸易而发达起来的。在十七世纪下半期，由英国船舶每年运入美洲的黑奴在两万左右。只是随着黑奴的屡次起义和其价格的腾涨，黑奴贸易才无利可图了，于是英国在一八〇六年下令禁止。

在美国，随着奴隶劳动生产品市场，尤其是棉花市场的扩大，对黑奴的剥削，采取了更加凶残的性质。在棉花种植场里，过度的劳动把平均做上七年工作的健康人，就送入坟墓了。黑人常常发生起义。别一方面，北方的工业各州，没有奴隶制度，颇感受南方各州所盛行的奴隶劳动竞争之痛苦。一八六一——一八六四年的南北战争以北方胜利而告终，奴隶制度才宣告废止。不过黑人直到现在，在美国还依旧是被奴役的民族，遭受着一切可能的民族压迫的形式。

现代资本主义下的奴隶制与奴隶贸易

在资本主义列强的殖民地里，奴隶制度，在形式上虽然废止，但是在事实上直到现在还十分盛行着。殖民者用直接强制的方法，迫使土著居民工作。在市场上买卖着奴隶。在报章上，常看到奴隶身价因经济恐慌而暴跌的消息。奴隶制度广泛地流行于中国。在日本，破产的小农，把自己的女儿卖给纱厂数年，她们在那里当作奴隶做工。

（列昂节夫：《政治经济学初学读本》第三章）

四　封建制度（农奴制度）

封建制度的发生

封建制度发生在奴隶占有制度的废墟上。奴隶制度使古代世界走入了穷途末路。只有根本的革命才能使社会打破这种困难的境地。

被奴隶革命连根摧毁了的威震四方的罗马帝国，到五世纪末叶灭亡了。它的广袤领土，被日耳曼各部落侵占了。

古代日耳曼人，这不但是今日德意志人的祖先，而且是西欧其他各国——英国、法国、意大利、西班牙、挪威、瑞典、丹麦等地大部分居民的祖先。

日耳曼人本处在比罗马人更低的发展阶段。他们还盛行着氏族制度。他们跟罗马打了几百年仗。因此之故，他们的军事组织有着特殊的意义。军事长官及其扈从领导着各部落。

大规模的奴隶占有经济，在罗马灭亡以前好久，就已经过时了。最后，它崩溃了。在其地位上则发生了农民的小生产，此等农民，以各种不同的程度，依附于大土地占有者。其中有些农民，私有着不大的一块地。

奴隶占有社会的崩溃，是与生产力的衰落相联系的。城市衰落了，商业停顿了。各国与各地之间的经济联系，几乎完全断绝了。

日耳曼人征服罗马以后，侵占了它的领土约三分之二。此项土地，起初是归各个氏族的公有财产。但随后日耳曼各军事首长却改制称王。国王将人民的财产夺为己有。他们把土地起初分给自己的侍从终身使用，随后又改为世袭的使用。领得土地者则须服兵役。土地依旧是由小农耕种的，不过现在他们对新的主人处于人格的依存地位。这样赐予的采邑，便叫作封地。在这一基础上所形成的剥削制度，便叫作封建制度。封建主把农民所耕种的土地的最高权，夺在自己手中。农民耕种这种土地时，向封建主要担负一系列的义务。

“没有无领主的土地”

在封建制度时代，有一句谚语：“没有无领主的土地。”在罗马灭亡后数世纪间，所有土地都逐渐落在封建领主手中。独立的农民，遭受连年混战和土匪劫掠的痛苦，不得不投归某一封建主，请其“保护”。

封建主是其领地范围以内的完全的统治者。他们自设法庭和制裁办法。大封建主自己养有武装保卫团，袭击邻地，劫掠行人。他们随意封闭其领地以内的行路，或因通过而征收贡税。

教主也不落后于人间的封建主。“教会王公”——主教和副主教——都握有广大的庄园。在俄国，在封建时代，正教寺院是特别大的土地占有者。几千的农民在寺院的土地上工作，遭受着残酷的剥削。

封建的阶梯制

在封建社会里，土地的最高权力是属于国王或皇帝。国王或皇帝乃是其国家内的最大的封建主。所以，俄国的沙皇爱称自己为“头等地主”或“头等贵族”。国王可将土地“赐与”最高显贵，也可以把它收回。

大封建主是不大喜欢这样干的，他们进行不断地斗争以反对国王权力。大封建主又把土地分给各贵族。国王则依靠贵族来反对最高显贵，以巩固自己的飘摇不定的权力。

凡取得土地的，对其领主首先必须服兵役。像古代俄罗斯所说的，国王或王公一有召令，贵族即须“有马、有人、有枪”地到来，即须骑着马儿，携着武器，带着若干团丁，前来候命。

这一封建阶梯的基础则是农民群众。农民要服从一切：既要服从自己的地主，更要服从更大的封建主，以至于国王。国王和贵族、牧师和王公及其一切食客，是全靠农民的劳动来养活的。

地主在其世袭地产内是个完全的统治者。他是自己臣民的上帝和皇帝。俄国大诗人涅克拉索夫借用一个地主惋惜农奴时代的口吻，说了下列意味深长的话：

当年你一个在境界以内
好像太阳高悬在天空，
你的乡村朴素谦逊，

你的森林繁茂葱绿，
你的田野无垠无穷！
你去乡村逛一下，
农民都一齐伏跪在地上
谁也不敢动一动……
我要赦谁就赦谁，
我要杀谁就杀谁；
法律即我的愿望，
拳头乃是我的警政！

现在法西斯竭力使封建制度理想化。他们企图把封建的中世纪描写为光辉四射的乐园。他们幻想封建关系——支配与隶属关系的恢复。他们叫人相信，这一关系是特别适合于隶属者的。

此种捏造，完全是一种赤裸裸的说谎。事实上，封建制度，对于劳动者和被剥削群众，是表示一种严重的压迫。

农民的农奴化

农民对地主——土地占有者的人格的依存，乃是封建制度的基础。这一依存的性质与形式，是随着封建制度的发展而变化的。

封建制度的发展本身带来了对农民的压迫和剥削的增长。在封建制度的初期阶段，农民在某种条件之下，还可以由这个地主投奔到别个地主。随后这一转移权遭受了很大的限制，到最后甚至完全被废除了。农民固着于土地，而土地则属于地主。

俄国有一句古谚说："他妈的，犹莉节给取消了！"[①]这句谚语是随着农民的农奴化而发生的。在一个长久的期间，农民于每年一定的一日——"犹莉节"，可以由这个地主投到别个地主。但是到十六世纪，这个习惯由戈东诺夫皇帝下令取消了。

要是在封建制度之初土地和农民是在兵役条件之下赐予的话，那么经过一个时期，情形就完全变了。土地的分给，渐渐地变成了统治者的奇癖怪行。十八世纪荒淫的俄国女皇，把成千成万的农民同土地在一起，赐给她的情人。比如，伊莉萨伯女皇光给拉苏莫夫斯基伯爵一人就赠了十一万五千名农民和他们的土地；叶卡切林娜二世女皇给奥尔洛夫伯爵赠了四万五千名农民，给蒲托姆金公爵赠了两万一千名，给鲁莽柴夫伯爵赠了两万名，给苏波夫公爵赠了一万三千名。叶卡切林娜在位三十五年，共计赐赠的农民有八十五万名，这些农民主要都是在乌克兰，那时乌克兰已被俄国征服了。叶卡切林娜的太子巴威尔在位四年，赠给地主的农民达六十万名。

"受过洗礼的财产"，十九世纪一位俄国作家曾经苦痛地这样称呼农奴农民。事实上，农民的的确确是其地主的财产，地主可以买卖他们。

"在奴隶制度之下，'法律'允许奴隶占有者打死奴隶。在农奴制度之下，'法律'则允许农奴占有者'仅只'出卖农奴。"[②]

可以说，农奴主广泛地享有法律给予他们的权利。在当时的报纸上，

① 犹莉节即俄国旧历十一月二十六日圣徒乔治犹莉纪念日，在这一天，农奴从一个地主可以投奔别的地主。在鲍利斯·戈东诺夫时，废除此权利，故有这句谚语的出现。——译者注

② 斯大林：《在第一次全苏联集体农庄突击队员代表大会上的演说》。

常常登有出卖农奴的广告。一七九七年《莫斯科公报》就登载着下面一项广告：

“兹愿出卖宫廷匠工，计裁缝二名，鞋匠一名，钟表匠一名，厨子一名，车匠一名，轮匠一名，雕刻匠一名，镀金匠一名，马夫二名，行为端正。愿购者，请驾临五十一号第四弄第三部地主本人处，看人议价。本处并出卖跑马三匹，壮马一匹，阋马一匹，猎狗五十只。”

总之，地主可以出卖自己的农奴，或者把农奴在赌博时赌输，或者拿农奴去换马换狗。在俄国，在农奴制度存在的最后数十年，农奴像其他财产一样，还可抵押于银行。农民照名单抵押，这样，不但可以把活的农奴抵押，而且可以把已经死掉的，但在纸上算作活的农奴抵押，取得款项。果戈理的小说《死魂灵》[①]就讲过这些事情。

“农奴的奴隶制”

列宁把农奴的依存关系叫作“农奴的奴隶制”，这是有充分理由的。农民完全依存于其地主。地主的专横是没有界限的。

在西欧，封建主对其隶属的农民享有广泛的权利。在这些权利当中都是非常具有侮辱性的。例如“初夜权”：凡农民的女儿在出嫁的时候，第一夜应属于其封建领主。又如“死手权”：凡农民死后所遗留的财产，封建主则承继一定的部分，其多寡依环境而转移。因此可知，甚至死也不能停止封建的依存关系！

① 此书已有鲁迅先生的中文译本。——译者注

在俄国，地主对其农奴的酷刑，尤其出色。叶卡切林娜女皇时代，地主萨特威哈夫人，更是凶暴中的凶暴。她在莫斯科、柯斯特罗姆、伏洛戈德等省都有田产，共有农奴六百多个。她把一百三十九个农奴拷打到死的地步。

但是封建制度跟奴隶占有制度比较是否前进了一步呢？要答复这个问题，先要看看在封建制度之下生产是怎样组织的。

封建庄园

封建地主把自己的土地分为两部分：一部分是自有的庄园，别一部分则交给农民耕种。农民是被“分与”土地的。所以这种地也叫作“分与地”或份地。农民是固着于土地。

不论领主的庄园也好，或农民的经营也好，都带着自给自足的性质。在封建主的地产以内，生产供养封建主、其家族和侍从所需要的一切。农奴在其份地上辛苦劳动，勉强温饱。其唯一的目的是养活自己的家族。所以，在封建制度时代，是自然生产，即不是为交换的生产统治着。交换的发达，才给了封建制度以解体的影响。

在封建制度初期（九世纪初），最大的地主，首推佛郎克国王查里曼皇帝，以其领土广袤，号称大帝。他握有非常广大的庄园。他下给管理人员的训令，有的保存下来，这些训令提供了一幅经济组织的明确图景。

查里曼令其管理人员，要严密监视经济中所需要的各项用品的制造，如面粉、蜂蜜、蜂蜡、酒、油、干酪、麦芽、醋等。他在训令中说：“我愿每个管理人员，在本人管辖之下，有各种善良的工匠，如铁匠、鞋匠、旋盘匠、木匠、炮匠、渔夫、猎鸟者、皂匠、酒工，为了我们需要而制造小麦面包的面包匠，以及善于编制猎兽网、捞鱼网、打鸟网之人，与夫其他服务人员，此项人员列举出来是很长的。”

瞧吧，对军事的关心并没有妨碍查里曼做一个精明的业主。在他的庄园里，出产着各种各样的物品。他的庄园是一个闭关的自给自足的整体。一切消费，都是由自己的出产——封建附庸农民和工匠的劳动来满足的。

不但在封建制度的初期，封建主的庄园是这样一种闭关的自给自足的整体。就是后来此种经济组织也还继续盛行很久。涅克拉索夫把地主的农奴制时代的幸福描写如下：

自己的吐绶鸡儿肥胖畔，
自己的葡萄酒儿味芳酣，
自己的俳优，音乐响彻天。
仆从前呼后拥，好像一个整团
我有着……
五个厨子，两个面包师，
两个铁匠，两个装饰员，
十七个乐手，
和二十二个狩猎员。

赋役与年贡

封建的剥削有两种基本的形式：赋役与年贡。这是封建地主掠取农民劳动的两种形式。

在赋役制之下，农民在其地主的田产里须作工若干日。比如，农民在地主的田地里，每周工作三天或四天。这时，他在自己的份地里每周就只有三天或两天的工作工夫了。如果赋役一加重，则农民的经济便不可避免地趋于衰落。在赋役制之下，特别痛苦的是，农民在农忙的时候须在领主的田里做工，等收割了地主的田禾，而自身的田禾就完蛋了。

农民要用自己的农具，而且往往用自己的耕畜，在地主的田里去做工。甚至在大规模的庄园里，在赋役制之下，也不设备农具。比如在刚刚说过的查里曼大帝的庄园里，共只有两只木犁、两柄镰刀、两把鹤嘴锄。

在此种条件之下，农业劳动的技术是很低下的。劳动工具，差不多在几百年间没有什么变化。

十八世纪末叶，一位俄国的作家——拉吉谢夫，把农奴的生活有个很明确的描写。他说他有一次在星期日遇见了一个农民在火烧般的太阳下挥汗耕地，他便问："你这样辛苦，难道每周其余几天还不够工作吗？"那个农民答说，每周他要给领主做六天的工。

在这样残酷的剥削之下，农奴贫穷的情形是很可怕的。据拉吉谢夫的描写，农民的草屋，都没有窗户，好像一个黑洞，锅灶没有烟囱，吃饭的碗里，很少看见过白菜汤，面包四分之三是用麸皮制成的。

第二个剥削形式是年贡。农民，仅在自己的田里工作。但他须把自己经营的各种出品之一定数目交给地主，如粮食、肉类、牛奶、鸡鸭等。年贡往往是为数很多的，以致农民给自己和家族留下的很少。

涅克拉索夫把农奴主剥削的情景描写如下：

工作时是你一个，

但到工作刚刚结束，

瞧吧，就站着三个分有者

上帝、沙皇和领主。

当自然经济统治着的时候，年贡也是征取自然品的。随着交换和货币关系的发展，地主往往叫用货币缴纳年贡全部或一部分。这时农民常常又落在收集商的铁爪之下了。他为了缴纳年贡，不得不以特别低廉的价格出卖自己的生产品。

往往同一地主，叫一部分农民赋役，叫别一部分农民纳贡。地主的田，需要多少农奴耕作，便命多少农奴从事赋役，其余的则缴纳年贡。

封建生产的基本特点

现在我们把封建的生产可以作个总的评述了。这一生产，有下述四个特点：

第一，自然经济的统治。农奴制的庄园是一个闭关自守的整体。其与外界的联系是很少的。农民经济也带着自然的性质。交换的发展已是封建制度崩溃的前兆。

第二，直接生产者——农民，被分与生产资料（土地在内）。而且他是固着于土地。正是农民固着于土地的这种情形，便给地主保证了充足的劳动者。列宁说："无地、无马、无产的农民，乃是不适于农奴制剥削的对象。"[①]

① 列宁：《十九世纪末叶俄国的土地问题》，《列宁全集》第十二卷，二二七页。

第三，农民对于地主的人格的依附。列宁说：“要是地主没有对于农民人格之直接支配的权力，那么，他就不能迫使分与土地而进行自己经营的人来替自己工作了。”[①]

地主是用直接的“超经济的强制”方法从农民身上榨取剩余劳动的。农民对地主的人格依附的形式，是随着封建制度发展的不同的阶段而变化的。不过只要封建制度存在一天，则个人依存的事实本身，总是不会变更的。

第四，“这种经济体系的条件与结果，便是非常低下的和墨守旧习的技术状态，因为经济的经营，是由贫病交迫、人格依存及智力愚钝的小农来进行的。”[②]

封建的剥削形式

封建（农奴）制度是以人对人的最无隐蔽的剥削为基础的。农奴的劳动分为必要的与剩余的两种。必要劳动，就是农民为养活自己和其家族所花费的劳动；剩余劳动，就是农民给封建地主所花费的劳动。在赋役制之下，必要劳动与剩余劳动，在时间和空间上都是分开的。假定，农民三天在自己的田里工作，其余三天在地主的田里工作。在这里，剥削是一目了然的。十分明显的，每周有一半的工夫，农民是给“他人”劳动的。就是

① 列宁:《俄国资本主义底发展》,《列宁全集》第三卷，一四〇页。

② 同上。

在纳贡制之下，剥削也是毫无隐蔽的。在这一办法之下，农民须把自己劳动生产品的一定部分，无缘无故地交给地主。

对农奴的剥削，采取了非常残酷的形式。然而封建制度却是比奴隶占有制度更高的一个社会发展阶段。农奴跟奴隶不同的就是他“可以拿一部分时间，在自己的田里工作，可以说在某种程度上他可以属于自己本人”[①]。这就给社会开辟了一条进一步发展的路径，这条路径在奴隶占有制度时代是不能够有的。

中世纪的城市与手工业

在查里曼大帝的庄园里，有好多各种各样的农奴匠工，从事制造本庄园所必需的一切手工业品。早期封建制度之下的情势，也是如此。但是不久手工业大加发展，一个手工业者可以供应不只一个封建主的消费了。这就使手工业从封建的庄园里分化出来。手工业者开始聚集在城市里了。这种被释放的农奴，把自己薪资的若干，以纳贡的形式，交给封建主。

古代世界的灭亡，引起了城市的衰落；其中许多曾经被破坏而从地面上绝迹了。“罗马帝国”时代有一个人写道：

“罗达王，像阿格杜夫王一样，占领一城，毁灭一城，下令拆去城墙，把城市本身，叫作乡村。”

到中世纪，城市开始逐渐恢复起来。那时的城市，很少与现代的城

① 列宁：《论国家》，《列宁全集》第二十九卷，三七一页。

市相似。每城居民不多——只有五千至一万。四周围以深沟和高墙防御袭击。最初，城市仅与不大的一个区域相联系，它为该区的中心。城内手工业者供应该区的需要。

起初是以做定货为主。农民往往拿自己的原料，如皮革、家中所织的布匹，手工业者则用这种原料做成预定的衣服或皮鞋。手工业者起初是以自然品的形式、农产品的形式，取得自己劳动的报酬。手工业者的劳动工具是非常简单的，它们是属于生产者本人。其生产品不是拿到市场上去出卖的。列宁说：

“因此自然而然的，手工业的特征，便是拙笨、零散、狭小，与小规模的家长农业相仿佛。”①

然而交换渐次发达起来了：起初手工业者，以试验的形式，把定货者偶然留下的制品或于做定货之余所制作的东西，拿出去卖。生产品由生产者手中直接落至消费者手中。市场还很狭小；商品主要是拿到集市上去售卖。但是在这里，手工业者的生产品已变为商品了；凡不是为了自己消费，而是为了出卖于市场而制造的生产品，都叫商品。列宁说：

“以商品形式，制造工业生产品，乃奠立了工业与农业分离及其间相互交换的初步基础。”②

① 列宁:《俄国资本主义底发展》,《列宁全集》第三卷，二五六页。
② 列宁:《俄国资本主义底发展》,《列宁全集》第三卷，二五七页。

行　会

当工作以做定货为主的时候，各手工业者之间的竞争还是薄弱的。但到了工作开始为市场而生产的时候，局面就改变了，竞争一天比一天厉害起来。逃亡的农民，源源流入城市。“在整个中世纪，农奴源源不断地逃入城市。”①

小生产者害怕失掉了自己垄断的地位。他竭力设法不许竞争者染指自己的生产。中世纪的手工业者组织——行会，便是为了这一目的而设立的。行会热心地保护自己的特权。未加入行会的任何人，不能从事该业。而加入行会，则有种种的为难。

在俄国，没有过行会。不过家庭小手艺者和手工业者反对他人染指本业的斗争，还是有的。列宁在其《俄国资本主义底发展》一书中，在这一关系上，曾举了好多明确的例子。

比如，尼日尼哥洛德省伯斯伏得村有专制金属器的家庭小手工业。该村居民缜密保藏其本业的秘法，不让邻村农民知道。他们企图达到这样一种立法上的规定，即凡将本行技能传授邻村者，就要受惩戒。他们同其他乡村居民，不通婚娶。

加鲁卡省的硝羊皮者，在农奴制之下，是游行到别省去硝制羊皮。地

① 列宁:《俄国资本主义底发展》,《列宁全集》第三卷，二五七页。

主准许自己的人缴纳巨额贡物，从事此业，他敏锐地监视，叫硝羊皮者知道自己的地位，不许外来的人染指。

交换的发展与农奴制剥削的增长

当自然经济，即为了自身需要而生产，而不是为了交换而生产的经济占优势的时候，封建的剥削遇到了比较窄狭的范围。在早期封建主义的时代，“封建主的胃就立下了对农民剥削的界限”（马克思）。封建主夺取农民的各种农业生产品的若干作为己用。这种封建贡物的绝大部分，为封建主本人及其军事扈从所消费了，仅有一小部分，用以换取武器及某种外来的货品等。

然而交换的发展，却引导到封建地主贪欲之有力增大。现在不但从农民身上榨取贡物，以供地主及其侍从的消费；而且贡物中用以换取其他商品的部分，也一天天增大了。随着自己的发展，商品的交换，在加强剥削的意义上，给农奴占有者开放了很大的可能性。交换的生长，毁坏了旧的基础。

地主力谋增加自己的收入，他加强了对其农奴的剥削。海外贸易采取了很大的规模。商人供给地主一切洋货。货币逐渐获得了很大的意义。

农奴主为了弄得更多的钱，尽量榨取自己农民的劳动。他们夺回农奴的土地，缩减农奴的分与地，以扩充自己的田地，并强迫那些农民来替自己耕种这些田地。

赋役一天比一天苦重了。它夺占了农民每周大部分的时间。农民呻吟在少地和无力负担的劳动之下。他们自身的经济日渐衰落了。

资本主义生产的发生

资本主义在中世纪末期发生在封建农奴制度的腹内。最古的资本形式是商业资本和高利贷资本。随着旧的、自然的经济之崩溃，商人日益扮演了重要的角色。商业资本给农奴主——地主供给各种奢侈品，图赚厚利。这样，地主从其农奴身上榨取来的贡物的一部分便落在商人——商业资本代表者的荷包里了。随着商业的发展，高利贷盘剥也日益昌盛起来。大封建地主、国王、政府，都一天天需要钱了。穷天极地的奢侈浪费，连年不断的混战，消耗了巨额款项。这便造成了高利贷资本活动猖獗的现象。高利贷者，以高利率把钱借给封建领主，因而夺去了农奴靠强迫劳动所供给的贡物的大部分。

商业资本和高利贷资本侵入封建农奴社会的生活之中，不倦地摧毁这一社会的基础。随着商业的发展，力谋增加自己收入的地主，极力加紧对农奴的剥削。过度的剥削毁坏了农奴制度的基础——农民经济。农民赤贫化了，变成了半饿而无力给自己地主提供最高收入的赤贫者。同时，高利贷资本张开自己的网罗，束缚农奴经济，从其身上吸取膏血。农奴经济的解体便准备了资本主义生产的发生。

商业资本，起初仅经营商业，买卖手工业者和农奴所提供的那些生产品以及从远地输入来的生产品。不过，随着商业的发展，这些供给来源也一天天感觉不够了。小规模的手工业生产，只能供给有限的生产品，此项生产品只能满足本地市场的需要。当商业开始卷入更遥远的市场的时候，就发生了大加扩充生产之必要了。

但要扩充生产，非有资本不可。在这儿小规模的商品生产是无济于事的，其可能性被狭隘的范围所限制了。于是由小规模的生产转向资本主义的生产，这种资本主义的生产然后又摧毁资本主义以前的各种剥削形式，而代以最后的一个人剥削人的形式——资本主义的剥削形式。

农奴的斗争

封建主义时代，这是一个被剥削的农民极猛烈地反对封建地主的时代。农民的斗争，在封建统治的末期采取了特别尖锐的形式，那时对农奴的剥削更加加强了。每个国家的历史，都有着一系列的农民起义。

在英国，于十四世纪末叶，大规模的农民起义包括了该国的大部分。武装的农民，以泰洛为首，踏遍全国，毁坏地主的庄园和庙宇，并且占领了伦敦。起义者的战斗口号是："在亚当耕地、夏娃织布的时候，谁是贵族呢？"这几句话表现出了农民对贵族特权的憎恶。后来泰洛被叛徒刺死。群众自丧失领袖后，相信了国王和封建主的诺言而解散了。此后，英国政府就进行"清乡"，残酷屠杀农民。

在法国，亦于十四世纪末期，全国一半为农民起义的浪潮所弥漫。这次起义是以亚基里（由农民的绰号——亚克·奔一语而来）的名字写入历史的。正在生长的城市资产阶级，起初是赞助农民的运动，但在紧要的关头就背叛了。

在德国，于十六世纪，全国也卷入了"农民战争"之中，这一战争得到了城市下层阶级的支持。起义者的首领为托玛斯·蒙柴。农民的要求，便是取消可恶的农奴制的剥削。

在俄国，十七世纪拉辛和十八世纪蒲加巧夫两人所领导的农民起义，其规模更大了。

拉辛运动，产生于顿河流域的穷人——逃亡的农民中间，此等穷人，是为了逃避农奴制的束缚而逃亡出来当“哥萨克”的。拉辛部众袭击沿伏尔加河走的商队，杀死了商人和沙皇的官吏。各地穷人，都纷纷加入了拉辛的队伍。一六七〇年，拉辛部众杀死了沙皇的使臣，并制裁了各地教会牧师。这就作了公开的内战的信号。农民起义的火焰，包括了很大的区域。拉辛部众攻陷了阿斯特拉罕、察利津及一系列的其他城市。在占领了的地方，沙皇和地主的政权被宣布消灭了，农奴制被宣布废止了，贵族和富商的财产被贫人分了。这一运动的纲领，便是消灭农奴制度和关于平等的不确定的幻想。沙皇政府调遣了大批军队，才击败了拉辛部众。富有的哥萨克上层分子的背叛，在拉辛的失败上曾起了很大的作用。农民的起义被沙皇的奴仆们沉没在血海中。拉辛的部众，大批大批地被屠杀了，他们被绑在柱子上肢解了，拉辛本人，则用木笼运往莫斯科，在红场被肢解了。

在拉辛起义失败后约一百年，俄国东部又展开了更广大的农民起义，领道者为蒲加巧夫。蒲加巧夫是个逃亡的顿河哥萨克，他逃至乌拉尔。在他的周围团结了乌拉尔的哥萨克贫民。蒲加巧夫喊出了“万世自由”的口号。在其宣言中主张一切土地“不需购买，也不纳贡物”，全归农民所有。蒲加巧夫部众占领了一系列的城市，并围攻奥林堡城很久。乌拉尔一带和伏尔加河流域的贫农都投效蒲加巧夫。受沙皇制度所压迫的各族人民：巴什吉尔人、鞑靼人、加尔米克人等起义的大众，都加入了蒲加巧夫的队伍。整村整村的农民，烧毁贵族的庄园，分掉地主的财产，投奔蒲加巧夫。乌拉尔各厂做工的农奴工人，也大批投奔蒲加巧夫。此等工人在起义中扮演了非常重要的角色。蒲加巧夫占领卡桑以后，打算向莫斯科推进。政府和地主们恐惶万状。莫斯科省的农民渴望蒲加巧夫到来，准备响应。但是饥荒的消息曾迫使蒲加巧夫改变计划，转而向南方了。一七七五年八月间，政府军在萨拉托夫附近打击了蒲加巧夫，蒲加巧夫被哥萨克队长献了出来，在莫斯科波洛特场上被杀死了。

沙皇政府以及地主资本家的御用"学者"都多方企图诋毁农民起义，把它们描写成"强盗"运动，"杀人放火"。当时俄国伟大的诗人普希金写了一部蒲加巧夫的历史，沙皇尼古拉一世把这部作品改名为《蒲加巧夫造乱史》，并加以严密的检查。但是在可怜的农民群众中间，关于拉辛与蒲加巧夫两次起义的记忆是永不会消逝的。人们把起义的农民反对贵族和地主政府的斗争编成了歌曲，编成了故事。一九〇五年，辛比尔斯克省省长雅什威公爵关于农民运动向政府的秘密报告中，就特别指出谓："住在该地（萨麻拉湾）的农民中间，还十分生动地述说拉辛和蒲加巧夫时期风暴般的战争。"

农奴的起义，震撼了并摧毁了封建制度。农民反对地主的斗争，被新兴的资产阶级所利用，以加速农奴制度的解体，并以资本主义的剥削来代替农奴制的剥削。在资产阶级的革命中，在反对封建制度的战争中，农民对资产阶级供给了基本的队伍。斯大林在第一次全苏联集体农庄突击队员代表大会上的演说中，说：

"奴隶的革命，消灭了奴隶占有者，废止了奴隶占有制的剥削劳动者的形式，不过它却以农奴占有者和农奴占有制的剥削劳动者的形式来代替了它们。一种剥削者，被别种剥削者取而代之。在奴隶制度之下，'法律'允许奴隶占有者打死奴隶。在农奴制度之下，'法律'则允许农奴占有者

‘仅只’出卖农奴。

“农奴的革命，消灭了农奴占有者，废止了农奴制的剥削形式。但是它却以资本家和地主、以资本主义的和地主的剥削劳动者的形式来代替它们。一种剥削者又被别种剥削者取而代之。在农奴制度之下，‘法律’允许出卖农奴。在资本主义制度之下，‘法律’允许‘仅只’注定劳动者失业和贫困、破产和饿死。

“唯有我国的苏维埃革命，唯有我国的十月革命，才这样地提出了问题，就是：不是拿一种剥削者换成别种剥削者，不是拿一种剥削形式换成别种剥削形式，而是革除一切的剥削，革除一切剥削者，一切富翁和压迫者，不论是旧的或新的。”

资本主义之下的农奴制的残余

资本主义的剥削代替了农奴制的剥削。资产阶级的革命推翻了封建地主的政权，开拓了资本主义发展的田野。然而在资产阶级执政的资本主义国度里，仍遗留下了以前的封建剥削形式之好多残余。

资产阶级夺得了封建主的政权以后，很快就感觉到了新兴的工人阶级方面之威胁。所以，他们宁愿跟昨日的敌人——封建主订立妥协。在大多数国度里，他们整个儿地保存下了地主阶级，土地所有权仍集中在地主阶级手中。地主对农民的剥削仍在继续着，只是采取了一些别的形式罢了。

在落后的国度里，农奴制度的残余尤其厉害。在此等国度里，资产阶级自始就十分怯懦，不敢进行反对封建主的斗争。他们跟封建主订立了同盟。在殖民地和半殖民地国度里，在资本主义的压迫上面又加上农奴制的压迫。

在帝俄时代，“农村中，还有着畸形怪状和不堪忍受的农奴制残余，再补充以地主的专横气焰”[①]。

唯有社会主义的革命，才用铁的扫帚，从灌注了无数代农民的血汗的土地上，扫除了地主寄生者。无产阶级革命从其头一步起，就连根铲除了封建制度的一切残余。

（列昂节夫：《政治经济学初学读本》第三章）

① 斯大林：《论列宁主义基础》，《列宁主义问题》，三七页。

五　资本主义

资本主义的特征

资本主义，是以一个阶级剥削别个阶级为基础的社会经济结构中最后的和最发展的一种。由于生产资料和劳动力结合的特殊性质，资本主义是和先行于它的社会经济结构不同的。

资本主义时代，资本家以私有财产为基础，握有生产资料。直接生产者——工人，没有生产资料，不得不把自己的劳动力卖给资本家。在劳动过程中，工人不仅要补偿自己劳动力的价值，而且还要创造剩余价值，这些剩余价值被资本家占有了。与奴隶占有和封建的生产方式比较，资本主义是另一种压迫和剥削劳动的形式。在奴隶占有和封建的生产方式下，剥削是用直接的强制方法来实现的；在资本主义下，剥削是采用经济强制的形式，即是以资本家占有雇佣工人的无偿劳动为基础的。

在商品生产发展的一定阶段上，劳动力变成了商品，货币也变成了资本。在资本主义时代，商品生产采取了普遍的和统治的形式。虽然工人

（自己唯一的商品——劳动力——的所有者）在法律上是自由的，他在经济上却牢固地束缚在资本主义的车轮下。“罗马的奴隶是用铁链被锁着；雇佣工人是由看不见的绳索束缚于其所有者。”[①]但这种所有者不仅是个别的资本家，而且是资本家阶级。

从单纯商品生产变成资本主义生产的时候起，单纯商品生产所特有的财产法则，也变成了资本主义的占有法则——资本家占有别人劳动的生产品的法则。在资本主义下生产带着社会性质（生产采取了手工工场和工厂形式的社会化、一个企业对其他企业的联系和依存性、社会分工），而占有却依然是私人资本主义的。生产的社会性质和私人资本主义的占有之间的矛盾，是资本主义的根本矛盾。它制约着资本主义的一切矛盾（生产和消费之间的矛盾，个别企业的有组织性和市场上自发性支配之间的矛盾，以及其他），并表现在资本主义社会的主要阶级——资产阶级和无产阶级——的对抗性之中。

在资本主义社会中，和统治的资本主义的生产关系同时，还继续存在着以前的各种经济机构所特有的生产形式和社会关系。“世界上没有、也不能有‘纯粹的’资本主义，总是有的有封建制度的混合物，有的有小市民的混合物，有的还有其他什么东西。”[②]

① 马克思：《资本论》第一卷，四五〇页。
② 《列宁全集》第十八卷，二六三页。

资本主义是怎样发生的

资产阶级的经济学家把资本主义看作永久的超历史的生产形式，以为这种生产形式是一切时期和一切民族所固有的。他们说到希腊、罗马、古代东方各国的资本主义。“虽然资本主义生产底最初萌芽，在十四世纪和十五世纪就散见于地中海沿岸的个别城市，但是资本主义纪元的开始，仅属于十六世纪。它出现的地方：农奴制度早已被消灭了，中世纪的最鲜艳的花朵——自由的城市已经大大地凋谢了。”①

资本主义的发生带来了中世纪城市中行会手工业的解体、乡村中小生产者的解体。“资本主义社会的经济结构是从封建社会的经济结构中生长出来的。封建社会的经济结构之解体，解放了资本主义社会的经济结构之要素。”②十四世纪，英国、意大利和佛兰德尔出现了有五至十个手艺工匠的作坊。同时，商人们担任了工业企业家的角色。商业、资本主义工业的发展和农业中货币地租的采用（十四世纪），使乡村中封建的自然经济开始解体了。农业中商品生产加大了，和这同时，农民对于商业资本和高利贷资本的从属性也加大了。在意大利、尼德兰、佛兰德尔，从十四世纪末叶起也在英国，都发生了资本主义的羊毛工业。在矿工业和航海业中，更早就

① 马克思：《资本论》第一卷，五七四页。

② 马克思：《资本论》第一卷，五七三页。

有了资本主义生产的萌芽。

原始积累过程

从十五世纪末叶和十六世纪初叶起，猛烈地展开了由历史发展全部行程所准备好了的所谓原始积累的过程，即是用暴力使直接生产者和生资资料分离，它是“用血和火的语言”（马克思）记载在人类的编年史中。英国提供了资本主义发生的典型。十四世纪，与羊毛手工场在佛兰德尔的发展相联系，羊毛的价格提高了，因此引来了英国用暴力“圈围”村社的土地。地主夺回这些土地，是为着发展牧羊业，把农民的耕地变成牧场，令乡村中大批生产者都被剥夺了土地，用暴力把他们从村社的土地上驱逐出去，使他们丧失了生产资料。国家政权的集中和小的封建领主对国王政权（它是依靠资产阶级的城市的支持的）的更加服从，引起了解散封建领主的亲兵及增大无所事事者的人数。这一切创造了失掉生产资料的无产阶级，作为资本主义生产的必要条件。

十五世纪伟大的地理发现（发现美洲、绕行非洲的海道以及其他），加快了原始积累的过程。大量的自由劳动力之存在及资本在少数人手中的积累，创造了转到专门的资本主义生产——手工工场——的条件。手工工场是资本主义协作的更简单的形式，它的特性是以手工技术为基础的作坊内部的分工；手工工场的工人们，不过是生产过程的构成部分，陷落到了对资本完全的依存中。

商品生产的发展与工业革命

商品生产的发展，使市场和生产者疏远了。生产者和消费者之间，站着收买商人，他起初销售直接生产者的生产品，后来更开始对生产者供给原料和劳动工具（例如十七世纪的六十年代，在法国的阿曼城，有十万制造洋布的手工业者，都是替八个收买商人做工的）。但“手工工场既不能包括全部社会生产，也不能从根本上革新它。它像一种建筑术上的装饰品，耸立在经济大厦上面，城市手工业和乡村副业就是这种经济大厦之广大的基础。它自己的窄狭的技术基础，在发展的一定阶段上，和它自己所创造的生产的需要发生了矛盾”[①]。

十八世纪的下半期，完成了工业革命，工作机的革命的革新。一七六四年，发明了叫作“得曾里”的纺车；一七六七年发明了纺机；一七八五年，克伦普顿发明了走锤精纺机；一八〇四年卡特赖特改善了他所发明的机械织机。瓦特发明的蒸汽机，开始用来发动纺织机。在这些发明以后，引起了冶金技术的变化。机器之应用于生产和资本主义的发展，同时也就是剥削之空前的增大，人之服从机器，工人之变成机器的单纯附属品。对于机器之最初的出现，工人曾报以破坏、消灭机器的企图和暴动。以后，工人明白了机器的意义及它被资本主义应用的性质，他们把对

① 马克思:《资本论》第一卷，二七九页。

机器的憎恨转到了资本主义的生产方式上。工人变成机器的单纯附属品，制约了资本主义一项最重要的矛盾——智力劳动和体力劳动的分离。作坊变成了资本主义的工厂。普遍应用的发动机之发明及制造机器的机器生产，使资本主义替自己创造了强有力的技术基础。在英国以后，法国、美国也走上了资本主义发展的道路，而在十九世纪，德国、俄国、日本及其他国家也都走上了资本主义发展的道路。这些走上了资本主义发展道路的国家，依赖生产—技术的水准，都赶上了英国的资本主义。但资本主义的发生却“有着各种不同的色调，以各种不同的程序经过了各种不同的阶段和各种不同的历史时代”[①]。法国的工业革命比英国更慢得多了。同时，在英国进到了工业革命的时候，几乎没有小农经济了；而在法国，小农经济却占优势。小农经济的存在，促成了高利贷资本之加强的发展及大量货币资金之集中在少数人手里。

十九世纪初叶，德国也被吸收到了资本主义发展的轨道上。十九世纪初叶废除了农奴制，同时却没有排除封建关系。把小农放在对大地主服从的地位，大地主变成了资本家。列宁把资本主义在农业中的这种发展途径，叫作普鲁士式的途径。一八四八年的革命，加快了德国资本主义发展的过程，而民族统一的过程及一八七一年德国对法国的胜利及由法国取得赔款，促进了资本主义生产方式的迅速发展。

① 马克思：《资本论》第一卷，五七四页。

资本主义在农业中的发展

资本主义的生产方式渐渐地扩张到了农业中，虽然土地上的私有权在这里是对于资本主义生产发展的阻碍。由于个别国家条件的特殊性，资本主义在农业中的发展形成了两种途径，所谓普鲁士式的途径和亚美利加式的途径。在普鲁士式的发展途径下，和资本主义生产同时，还保存着小生产者对地主、贵族的从属性；保存并巩固着封建关系及农奴制度的残余。亚美利加式的发展途径，是资本主义在农业中更自由的发展；消灭了封建关系，和小商品生产者同时创造了农场经营者——资本家。

资本主义在农业中的发展，创造了三种农村居民：乡村资产阶级，他们和全体资产阶级共同反对无产阶级；贫农——有着份地的雇佣的劳动力，他们和无产阶级一同前进；中间的农民集团，他们动摇于无产阶级和资产阶级之间，但在无产阶级和剥削者阶级斗争的行程中，他们却会成为无产阶级的同盟者。

城市和乡村的分离，城市和乡村之间的对立性，在资本主义时代达到了最高的发展。资本主义造成了生产力之强大的发展，生产巨大的成长的条件，它们在前资本主义的社会中是不可能的。追求利润、竞争，惹起了技术的发展，劳动生产性的增长。技术、交通手段、城市、无产阶级的成长，取得了巨大的规模。“资产阶级……创造了比以前一切世代加起来还要更加众多更加巨大的生产力。”[①]但“在私有财产的统治下，这些生产力却不过取得一方面的发展，对于大多数人成了破坏的力量，并且许多这类的生产力，在私有财产下完全不能找到自己的应用。”[②]

资本主义的扩大再生产与周期性危机

资本家之间相互竞争的斗争，使他们不得不去经常扩大自己的生产，提高它的技术水准，加强劳动生产性，因而加强对工人阶级的剥削。

这样看来，采取资本积累形态的扩大再生产，是资本主义的生产法则。资本积累，是用把剩余价值变为资本的方法来进行的，也以扩大的规模再生产着资本主义的关系。在积累的行程中，提高了资本有机构成。发生了生产和资本的集中与集积的过程、大企业成长和小企业被排除的过程。资本有机构成的提高，造成了相对的人口过剩——失业者之经常的预备军及其进一步的增加。加大了妇女和儿童劳动的应用；加大了劳动强度。这些事实的结果，都大大提高了劳动力的残废性。跟着资本主义的发展，工人的寿命不断地缩短了，工人过早就衰老和死亡了。加大了工人阶级的绝对和相对贫穷化。失业经常使工资降低；使工资离开劳动力的价值更远了。资本积累、生产力的发展，在资本主义时代是在深刻对抗的基础上来完成的。一端是空前地加大着富有和奢侈；别端是空前地加大着贫穷

① 《马克斯恩格斯全集》第五卷，四八八页。

② 同上，五一页。

和压迫。在资本主义时代，“一切发展生产的手段都变成了屈服和剥削生产者的手段，使工人畸形化，使他变成一个不完全的人，把他降低到机器附属品的地位……消灭了劳动的内容而使它变成了痛苦，随着科学作为独立的力量而与劳动过程结合在一起，使劳动过程的精神力量与工人疏远起来，它们恶化了工人在其中工作的条件，使工人在劳动过程中服从极琐细的、可恶的暴君制度，把他的全部生活时间都变成工作时间，把他的妻子儿女都抛在资本的‘加格洛’[①]车轮下。”[②]资本主义所特有的无限扩大生产的倾向，与那种因为无产阶级绝对和相对贫穷化的结果而来的有支付能力的需要之相对缩小，发生矛盾。从一八二五年起，资本主义有规则地，大约每经过十年，就要经历一次相对生产过剩的时期——危机。

阶级矛盾的尖锐化

资本主义越发展，阶级矛盾就会更加尖锐化。劳动和资本的斗争，构成了资本主义社会关系的基础。

资本主义生产方式的历史趋向，是在于创造新的共产主义生产方式之物质前提，在于准备转到这种生产方式的客观的和主观的条件。它加大了资本的集中和集积及在资本主义的基础上的生产社会化。和这同时，它加大了不断增加的工人阶级的义愤，工人阶级在工厂生产过程中训练了、

① “加格洛”是印度威什鲁神庙的名称。在庆祝此神的节日时，举行“加格洛车轮行列”，把许多狂信者抛在这种车轮下碾死。——原编者注

② 马克思：《资本论》第一卷，五一四页。

团结了、组织了、习惯了集体主义和协作。生产资料的集中和劳动的社会化，达到了这样的水准，在这种水准下，它们和它们的资本主义的形态不能并存了。“资本主义的私有财产的丧钟响了。剥夺者‘被剥夺着’。”[①]

垄断资本主义与发展不平衡性

生产的集中，在自己发展的一定阶段，引导了资本主义垄断之发生及工业资本和银行资本之结合。垄断成了资本主义的支配形式。和商品输出并列，资本输出获得了特别的重要性。世界被帝国主义国家和垄断团体之间瓜分了，加强了对殖民地和半殖民地人民的剥削。

与此同时，加强了资本主义发展的不平衡性。资本主义所固有的发展的不平衡性，在帝国主义时代尖锐化了，它使帝国主义列强之持久的国际联合成为不可能，使争取再分割世界的新战争成为不可避免。帝国主义把一切人种、一切民族都卷入了资本主义的旋涡中。资本输出和对殖民地的经济奴役，造成了把整个国家变成利息生活者国家的条件，形成了整群借债券利息生活的寄生者阶层。垄断产生了停滞和腐朽的倾向。帝国主义是腐朽的和临死的资本主义，是资本主义的最高阶段。它的特性，是成熟了转到更高的社会关系——社会主义——去的客观要素。“财政压迫的世界体系内部矛盾之增长和军事冲突之不可避免性，引导到帝国主义世界阵线容易被革命方面所击破了。而且从个别国家方面突破这种阵线，成为更加可

① 马克思：《资本论》第一卷，六一三页。

能的了。”[①]“帝国主义是社会主义革命的前夜。”[②]在帝国主义时代，“资本主义的矛盾达到了极点，当时无产阶级革命已成了直接实践的问题，当时工人阶级准备革命的旧时期已经过去了。而长成为向资本主义直接冲锋的新时期了。”[③]这种冲锋，开始于伟大的十月无产阶级革命，在世界六分之一的部分上建立无产阶级专政，无产阶级在伟大的领袖列宁和斯大林的领导下所进行的英勇斗争，社会主义在苏联的完全胜利。“资本主义已经不是唯一的和包括一切的世界经济体系了，和资本主义经济体系并列，还存在着社会主义体系，这种社会主义体系生长着，它在进步着，它和资本主义体系对立着，它以自己存在的事实本身宣示了资本主义的腐朽，撼动了资本主义的基础。”[④]资本主义各国的无产阶级，直接站在无产阶级革命的面前，无产阶级革命实现着马克思—恩格斯—列宁—斯大林的伟大学说，按照苏联无产阶级革命的实例，使全世界的资本主义进入末路。

（《苏联新百科全书》）

① 斯大林:《列宁主义问题》，八二页。
② 《列宁全集》第十九卷，一七页。
③ 斯大林:《列宁主义问题》，三页。
④ 同上，三五二页。

六　从资本主义到共产主义的过渡时期

怎样由资本主义过渡到共产主义

由资本主义到共产主义的过渡时期，是革命地转变资本主义社会为共产主义社会的时期。马克思提供了如下的过渡时期的典型的定义：

“资本主义社会和共产主义社会之间，有一个资本主义社会革命地转变为共产主义社会的时期。与它适应的有一个政治上的过渡时期，这个过渡时期的国家，除革命的无产阶级专政以外，不能是别的。”[①]

社会的革命改造，是“出生着的新社会和崩溃着的旧社会之巨大斗争”[②]的时期。由历史上知道，任何一个剥削者阶级都不会自愿地退出历史舞台的；为着把它革除，总是要求被压迫阶级方面的革命暴力。

---

① 马克思：《哥达纲领批判》，《马克思恩格斯选集》第二卷，四五九页。

② 《马克思恩格斯文集》第三卷，七七页。

由资本主义过渡到共产主义，不是由资本主义“和平地长出”社会主义的方法来实现的（考茨基、希尔费丁、勒涅尔、布哈林及其他社会主义的叛徒们，都断定由资本主义能够“和平地长出”社会主义），而是经过无产阶级革命，使用无产阶级和剥削者残酷的阶级斗争的方法，经过肃清剥削者阶级及无产阶级专政的环境中所展开的社会主义建设来实现的。

马克思主义的古典作家指出了：新的社会主义制度代替资本主义制度的过程，不是短时期的行为，而是长时期猛烈的、持久的斗争。斯大林说：“无产阶级专政，由资本主义过渡到社会主义，不应当看作一个暂短的时期，如像发表一系列‘最革命的’法令和指示一样，而应当看作一个完整的历史时代，这个时代充满着内战和对外的冲突、顽强的组织工作和经济建设、进攻和退却、胜利和失败。这个历史时代，不仅对于创造社会主义完全胜利的经济的和文化的前提是必要的，而且为着使无产阶级有下面这些可能性也是必要的：第一，教育和锻炼自己成为有能力管理国家的力量；第二，以保障组织社会主义建设的方向来再教育和改造小资产阶级的阶层。”[①]马克思对工人说过：“你们应当经历十五年、二十年、五十年的内战及国际战斗，不仅是为着改变现存的关系，而且也是为着改变你们自己并成为对于政治统治有能力的。”[②]

① 斯大林：《列宁主义问题》，二六一二七页。

② 《马克思恩格斯全集》第八卷，五〇六页。

共产主义发展的两个阶段

马克思主义的古典作家，把共产主义的发展分为两个阶段——低级阶段和高级阶段。在共产主义的第一阶段——低级阶段（习惯上把它叫作社会主义），无产阶级专政是要把一切生产资料社会化，肃清阶级，创造新的社会主义的纪律，及在劳动的高度生产性下创造社会主义的劳动组织。在社会主义时代，劳动是每个公民的义务和荣誉。在这里，是下述的原则支配着："谁不做工，谁就没有饭吃"；"各尽所能，各取所值"。要求社会和社会主义国家方面最严格地监督劳动和消费的标准。共产主义的第一阶段，除劳动的平等权外，还不能给予完全的平等。用马克思的话来说，这个阶段还布满了旧社会的"遗迹"，在经济中和人们的意识中都还存在着旧的残余，它自身还带有资本主义社会的痕迹，因为它是由资本主义社会的内部孵化出来的。

社会主义时代生产力的巨大发展，准备了渐渐地转到共产主义社会的第二阶段——高级阶段——去的条件。在共产主义的高级阶段中，消灭了城市和乡村之间的对立性、体力劳动和智力劳动之间的对立性，劳动由生活的手段变成了生活的第一需要，社会实现着这样的原则："各尽所能，各取所需"。

列宁发展了马克思、恩格斯的过渡时期理论

马克思和恩格斯研究了帝国主义以前的资本主义，并天才地预言了把资本主义社会转变为共产主义社会的条件，他们这样假定了：无产阶级革命，要在世界各国或就最低限度来说也要在资本主义的主要各国（英国、德国、法国、美国）同时进行，并同时开始由资本主义到共产主义的过渡时期。

列宁是马克思、恩格斯的忠实的和彻底的学生，他创造地发展了马克思主义的学说，把它应用于资本主义发展的新时代——帝国主义时代。他在自己不朽的著作《帝国主义是资本主义底最高阶段》中指出：不可避免的帝国主义战争、争取再分割世界的武装斗争，一定要削弱帝国主义国家，并造成在帝国主义阵线最弱的一环突破这种阵线的可能性。他证明了：由于帝国主义时代资本主义经济和政治发展的不平衡性，"社会主义最初在几国，或甚至在单独一国内的胜利是可能的；社会主义在一切国度内的同时胜利，由于资本主义在这些国家内发展的不平衡性，是不可能的；社会主义最初在一国或几国胜利了，而其余的国家在某些期间却依然是资产阶级的国家。"[①]

列宁的无产阶级革命的理论、社会主义在一国胜利的可能性的理论，

① 《联共（布）党史简明教程》，一六二页。

把马克思主义提高到一个新的、更高的阶段上，因为它用适合于新的历史情况的新的原理，代替了不适合于那变更了历史条件的马克思主义的个别原理。“这是一种新的完善的社会主义革命的理论，一种关于社会主义在个别国家内胜利可能性、关于它的胜利条件、关于它的胜利前途的理论。”①

党和政权是保证转变的必要条件

共产党所领导的无产阶级专政，是转变资本主义社会为共产主义社会的必要条件和决定的前提。无产阶级专政是无产阶级革命的工具，其最重要的任务，首先是要摧毁、破坏、粉碎资产阶级的国家机关（军队、警察、法院等）；用武力击毁、镇压资产阶级、地主、富农、帝国主义代理人等的反革命的出动、叛乱、怠工。

无产阶级利用政权，第一是“为着镇压剥削者，为着保卫国家，为着巩固和其他国家无产阶级的联系，为着在一切国家发展革命并使它胜利”：第二是“为着使劳动者及被剥削者大众彻底和资产阶级破裂，为着巩固无产阶级和这些群众的同盟，为着吸引这些群众加入社会主义建设的事业中，为着无产阶级方面对这些群众实行国家的领导”；第三是“为着组织社会主义，为着消灭阶级，为着转到无阶级的社会、无国家的社会去”。②

布尔什维主义的许多敌人——托洛茨基派、布哈林派及其他，他们

① 《联共（布）党史简明教程》，一六三页。

② 斯大林：《列宁主义问题》，一一二——一一三页。

都变成了法西斯主义保安局的代理人——为了反对斯大林所发展和锻炼的列宁的关于无产阶级革命及社会主义在一国内可以胜利的学说，进行了斗争。他们拥护托洛茨基的口号——欧罗巴联邦，它否定了由资本主义到共产主义的过渡时期和无产阶级专政的必要性和不可避免性。布哈林企图诽谤、破坏无产阶级专政及列宁关于过渡时期的学说，提出了敌意的“均衡论”与由富农“和平地长出”社会主义的理论，这一理论在革命以前努力束缚劳动者，在革命的时候对无产阶级国家进行“原则上”的敌视，目的是要使资本主义复辟。

无产阶级专政——新型的国家，是无产阶级和农民在保存无产阶级的领导地位下的特种形式的阶级同盟，苏维埃是无产阶级专政的国家形式。无产阶级专政是民主政治的最高类型；它是无产阶级民主政治的形式，这种民主形式表现着大多数人民的利益。无产阶级专政是由人民自己来实行的。从夺取政权的时候起，就在无产阶级专政全部制度（政党、苏维埃、职工会、合作社、青年同盟等）的帮助下，以新的形式进行斗争。无产阶级专政体制中的领导地位，属于劳动者的先锋队——共产党，它是无产阶级专政的指导力量，它把劳动者团结在革命斗争的主要任务及社会主义建设的周围，并领导这种斗争和建设。

过渡时期是新旧经济斗争时期

列宁指出了：过渡到社会主义，是新的和旧的经济制度之间斗争的一个整个历史地带。“理论上不容怀疑：资本主义和共产主义之间，有着一个一定的过渡时期。这一过渡时期不能不结合这两种社会经济结构的特色或特性。这种过渡时期，不能不是临死的资本主义和出生的共产主义之间的一个斗争时期；——或换句话说：是被战败的、但还不是消灭了的资本主义与出生的、但仍是很虚弱的共产主义之间的一个斗争时期。”[①]被战败的、但还不是消灭了的资本主义与出生的、但还是虚弱的共产主义之间的斗争，不能一下就解决的。不仅要把生产资料的大规模的私有制，而且也要把小规模的私有制（主要是说农民的私有制）转变为社会主义财产的过程，是无产阶级专政的一项最根本的、长期的和复杂的任务。

这样看来，无产阶级专政不仅是政治上的强大的力量，而且是经济上的强大的力量，这种经济力量是以无产阶级国家掌握国民经济的统制权——如大工业、土地、银行、运输等等——为基础，在经济上绞杀资本主义，创造社会主义的经济。在这种斗争的过程中，工人阶级在过渡时期是作为统治阶级。它领导全国，规定自己的经济政策，实现国民经济计划，把这种计划作为社会主义建设的极有力的工具来利用，选拔并养成自己的专家的干部、自己的知识分子，以及其他。工人阶级以自己的政治统治权为基础，在文化上来改造并再教育自己，而且通过国家政治的、经济的和文化的政策，来以社会主义的精神改造并再教育一般劳动群众——首先是农民。这样把工人阶级、农民、知识分子，改造成社会主义社会自觉的工作者。

① 《列宁全集》第二十四卷，五〇七页。

转变不是听其自动自然进行的

资本主义社会革命地转变为共产主义社会，不是自动地进行的，不是自然地进行的。而是以共产党为领导的无产阶级和劳动者——农民，反对资产阶级及其他剥削者的顽强斗争来进行的。依照社会主义建设成功的程度，阶级斗争并“没有消灭”（布哈林派——社会主义可恶的敌人，企图断定这时消灭了阶级斗争），而是采取了别种更加尖锐的形式。被击碎了的敌人，表现了顽强的反抗，求助于反对苏维埃政权的极残酷的斗争。“无产阶级专政是阶级斗争之最尖锐的形式。”[①] “无产阶级专政，是反对旧社会势力和传统的流血的和不流血的、暴力的与和平的、军事的和经济的、教育的和行政的持久斗争。”[②]

苏联过渡时期的几个阶段

马克思—恩格斯—列宁—斯大林的这种关于作为无产阶级革命工具的无产阶级专政作用之严密科学的原则，被世界上第一个无产阶级专政的国

① 斯大林：《列宁主义问题》，二五二页。

② 《列宁全集》第二十五卷，一九一页。

家——苏联的经验完全证实了。在苏联，正在建设着共产主义社会。

由资本主义到共产主义的过渡时期，在苏联有许多阶段，其中每个阶段的特性，都要用苏联国内和国外情势的一定的特殊性来说明的。

从一九一七年年底至一九一八年年中的时期，照列宁的说法，是“赤卫队进攻资本”的时期，它包括着在布尔什维克领导下所实行的武装起义和夺取政权，破坏资产阶级的国家政权机关，成立苏维埃国家，树立和平，掌握国民经济的最高统治权——土地、银行、铁路、大工业、对外贸易，创立红军及他们反对彻底武装了的德国强盗干涉者的英勇斗争，在乡村中创立贫农委员会及镇压富农。在这个时期，列宁就已经编制了计划，着手社会主义建设。

但社会主义建设的展开，被开始了的帝国主义武装干涉及国内的内战所破坏了。

一九一八年至一九二〇年这个时期的经济，是服从主要的任务——保障战胜干涉者和国内的反革命派。全国经济的、文化的、政治的生活，都以军事色调改组了。苏维埃政府实行了军事共产主义——国防的特别困难的条件所引起的方略的体系。曾经实行了这些方略：苏维埃政权不仅把大工业国有化了，而且把小工业国有化了，建立了农产品的征发制度，禁止谷物的私人贸易，实行了普遍的劳动义务。

一九二一年至一九二五年，苏联进入了复兴国民经济的第三时期。新经济政策是无产阶级专政的经济政策之一项最重要的杠杆。从实行新经济政策的时候起，苏联经济的一切部门开始了迅速的恢复。列宁规定了：这个时期苏维埃经济的特色，是在于存在着多种结构，在于存在着各种类型的生产关系。这样的社会经济结构有五种：（一）家长制的经济，大部分是自然经济；（二）小商品生产——大多数农民经济，它们从事着出卖农业生产品，以及手工业者；这种结构那时包括大多数居民；（三）私人经营的资本主义，它在新经济政策的初期是很兴盛的；（四）国家资本主义，主要是租让制；（五）社会主义——社会主义的工业（它在那时还很弱）、苏维埃农场和集体农庄（它们在国民经济中占着小得很的地位）、国营贸易和合作社。无产阶级的任务是要肃清这种多种结构性，在社会主义和资本主义竞赛的行程中保障社会主义的胜利，保障无产阶级在一九一七年所获得的对资本主义的政治胜利，经济上战胜资本主义，经济上绞杀资本主义。

从一九二六年起，开始了苏联过渡时期的新阶段——联共争取全国社会主义工业化的斗争的时期。联共在斯大林的领导下，粉碎了托洛茨基主义关于社会主义似乎在一国内没有胜和可能的反革命的理论，扑灭了右派资本主义复辟者的反革命的计划，着手了全国工业化，并组织了就自己的速度来说是历史上空前的社会主义的工业建设、全部国民经济的技术改造。

第一、二、三届五年计划

一九二九年至一九三二年的各年间，是苏联过渡时期的特殊阶段——第一届五年计划和争取农业集体化的诸年间，全线展开了社会主义进攻及创造社会主义基础的诸年间。在这些年间，零散的农民经济绝大部分都加入集体农庄了，集体农庄由社会主义工业取得了巨大的技术。富农的财产被没收了，转交给了集体农庄。以农民经济的全面集体化为基础，把富农当作阶级肃清了。苏联由零散的小商品的农民经济及它的粗陋的技术和低微收获的国家，变成了大规模社会主义农业的国家。“这是一个极深刻的革命大变革、是由社会的旧的质的状态进到新的质的状态的飞跃，就自己的后果说来，是和一九一七年十月的革命大变革有同等意义的。”[①]

第二届五年计划（一九三三年至一九三七年），提出了这样的历史任务：彻底肃清国内资本主义的成分，在最新的技术基础上完成国民经济一切部门的改造，使新的技术和新的企业熟练化。在这些年间，也特别注意了训练干部，提高教育、科学、文化事业的问题。

在第八届苏维埃非常大会上（一九三六年十一月），斯大林验证了社会主义制度在苏联国民经济的一切领域内完全胜利的事实，以及社会主义——共产主义的第一阶段——的根本实现。劳动者的这种极伟大的有历史意义的胜利——社会主义在苏联的胜利，是由于以斯大林为首的共产党之勇敢的、革命的、贤明的政策而达到的。社会主义的胜利，记载在新的《斯大林宪法》——社会主义的宪法中。这些胜利保障了苏联公民的劳动权、休息权、教育权、衰老以及疾病和丧失劳动能力时的物质保障权。社会主义的胜利，提供了在苏联实行完全民主的选举制度的可能性，实行秘密投票下的普遍、平等、直接选举权的可能性。

苏联完成了社会主义的建设，就开始渐渐地过渡到新的阶段——共产主义社会。《斯大林宪法》保证了这种有全世界历史意义的事实：苏联进入了发展的新时期，进入了社会主义社会建设完成及渐渐地过渡到共产主义社会去的时期。在共产主义社会里，共产主义的原则“各尽所能，各取所需”，应当是社会生活的指导原理。

在这种有全世界历史意义的任务的标志下，编制了发展苏联国民经济的第三届五年计划。莫洛托夫在联共（布）第十八次大会上提出了这种

① 《联共（布）党史简明教程》，二九一页。

计划，并经联共（布）中央委员会政治局大体认可了。伟大工作的第三届五年计划，树立了这样的任务：在技术—经济关系上赶上并超过先进的资本主义国家：扩大劳动者的消费到一倍半以上；在城市中实行普遍的中等教育，在乡村中实行七年制的义务教育；在历史事业中实行扩大范围的方略，把工人阶级的文化—技术水准提高到工程—技术劳动的工作人员的水准；为着共产主义完全胜利，而保障劳动者的文化水准及共产主义意识普遍的提高。第三届五年计划所提出的极伟大的任务，是在共产主义和资本主义有历史重要性的竞赛中共产主义完全胜利的力量的最好的证据。

［解放社编辑部注］一九四一年六月法西斯德国的侵犯，曾使苏联第三届五年计划的和平建设中断。卫国战争胜利结束以后，苏联就进入一个经济发展的新时期——和平时期。这时又制定了战后五年计划（一九四六年到一九五〇年）。新五年计划的基本任务就是要恢复苏联遭受战灾的区域，恢复工农业的战前水准，然后在相当大的程度上超过这个水准。根据一九四九年十一月七日马林柯夫在莫斯科庆祝十月社会主义革命三十二周年大会上的报告，这时苏联国民经济不但已经达到了战前水准，而且已经超过了战前水准。这就是说斯大林的战后五年计划基本上已在四年内完成了。现在苏联正由社会主义逐渐向共产主义迈进。

怎样由第一阶段过渡到第二阶段

由共产主义的第一阶段——社会主义，过渡到第二阶段——完全的共产主义，是要按照劳动生产性的继续增大、城市和乡村对立性的消灭、体力劳动和智力劳动对立性的消灭、苏联劳动者物质和文化生活水准的提高的程度，来渐渐地进行的。这种转变，要在自己特有的社会主义的基础上使用消灭资本主义的“遗迹”和残余的方法来完成的；共产主义制度在第一阶段上还没有解除这些资本主义的残余。

如果苏联国内有着达到共产主义社会的一切可能的和必要的东西，那么共产主义在苏联的彻底胜利是和资本主义的包围的崩溃相联系的。只要苏联依然处在现存的资本主义各国的包围之中，共产主义的胜利还不能认为是彻底的胜利。共产主义彻底的胜利，就完全保证免除资产阶级各种关系复辟的可能性的意义来说，只有采取国际的规模才是可能的。完全保障苏联免除军事干涉及资本主义复辟的危险的问题，“只有经过联合国际无产阶级重大的努力和我们苏维埃全体人民更加重大的努力，才有解决的可能”（斯大林）。

粉碎孟什维克、社会革命党、民族主义者、托洛茨基派、布哈林派、一切反对无产阶级专政及争取资本主义在苏联复辟的势力，是社会主义胜利的最重要的条件。托洛茨基派和布哈林派，提出了关于社会主义国家死灭的反革命的“理论”，目的是要削弱无产阶级专政，并实行资本主义的复辟。托洛茨基派、布哈林派、资产阶级的民族主义者，是社会主义最可恶的敌人，他们变成了杀人犯、间谍、刺客、法西斯主义侦探部的代理人匪团。苏维埃政权，如同制裁人民公敌和祖国叛徒一样，毫不留情地制裁了他们。

社会主义在苏联的胜利，这就是说，资本主义到共产主义的第一阶段——社会主义的过渡期，根本完成了。但这种胜利，无论如何都不是说废止了和消灭了社会主义的国家——工人阶级手中最锐利的武器；反而应当用一切方法来巩固社会主义的国家，以便保卫社会主义国家免除外敌的危害，以及反对敌视社会主义的个别团体和人们，特别是反对资本主义包围的代理者们。因此，在共产主义的第二阶段，苏联也应当保留无产阶级国家、红军、内政人民委员会以及无产阶级专政的其他机关。

苏联建设成功与其他世界

在社会主义在世界六分之一的部分上胜利了的时代，社会主义国家的主要机能，是要保卫社会主义——共产主义，解除资本主义的包围，组织战胜资本主义的包围，组织世界各国共产主义的胜利。这将构成一个以历史上第一个社会主义国家苏联为首的社会主义对资本主义斗争的整个历史时代。列宁早在一九一五年就写过：社会主义国家胜利了的无产阶级，“剥夺资本家及替自己组织社会主义生产的时候”，要起来“反对其余的资本主义世界，把其他国家的被压迫阶级吸收到自己方面来”。[①]在这种斗争中，将有不少的阶段——反对帝国主义列强的民族和殖民地战争、无产阶级和农民反对统治阶级的武装起义、民主国家反对法西斯主义的战争，以及其他。

苏联的经济实力和军事实力的兴盛、增大，它的《斯大林宪法》，苏联各民族的友爱，都表明了社会主义在资本主义面前有着巨大的优越性。由这里产生了剥削者阶级方面，尤其要说到德国和日本法西斯主义方面对

① 《列宁全集》第十八卷，二三二—二三三页。

苏联的寒心、慊恨、野兽般的敌意。资产阶级及它的法西斯主义的主干人物，在和苏联的斗争中，每天都丧失了一切新的阵地，把战争看作唯一的出路。苏联尽全力预防军事危险，但资本主义世界已经卷入了第二次帝国主义战争。西班牙和中国的事变表明了：苏联成了全世界民众一切民主和进步运动的吸引力。工人组织中间、劳动者中间、知识分子的优秀代表之间向着统一行动的突进，向着统一的人民战线的突进，不可制止地加大了。世界加紧地在共产主义和资本主义之间分裂了。“冲锋的思想在群众的意识中成熟了。”（斯大林）

苏联过渡时期的经验，将被其他国家的共产党和人民革命运动所利用，而且已经利用了。在列宁—斯大林党领导下的苏联人民，在保卫社会主义祖国的事业中，有力量执行自己的任务；在争取资本主义社会转变为共产主义社会的斗争的事业中，有力量执行自己对于世界无产阶级及全世界劳动者的义务。

（《苏联新百科全书》）

七　共产主义

共产主义及其特征

共产主义，是将来的社会制度，它是以大规模科学地组织的社会生产、生产资料的社会所有、有组织的分配为基础的。在生产力高度水准的基础上，因为无产阶级的阶级斗争、无产阶级革命、无产阶级专政的创造性的努力的结果，而会达到共产主义的胜利。因为消灭了生产资料的私有制，共产主义时代就没有阶级和国家了[①]。高度技术和劳动的科学组织，

---

① 斯大林同志向前发展了马列主义关于国家的理论。他指出在资本主义包围的环境下在共产主义阶段上苏维埃国家仍有存在和进一步加强的必要。他在苏联共产党（布）第十八次大会上关于联共（布）中央工作的总结报告中曾说：

“我们是在继续前进，向共产主义前进。我们的国家是不是在共产主义时期也会保存呢？

“是的，会保存的，假如那时资本主义包围尚未消灭，而外来的武装侵犯危险尚未铲除的话。 （转下页）

是高度劳动生产性的基础。在共产主义时代，劳动本身，为自己、为不知道剥削的社会的劳动，在一切都很丰富的条件下，成了人的第一种需要，成了一种享乐。共产主义社会成员的文化技术水准，高到了这样的程度：有可能完全克服体力劳动和智力劳动之间的对立性。解除了一切剥削结果的社会，取得了这种可能性：指导那些在资本主义时代因阶级斗争而消耗了的、因争取生存的斗争而弄得疲惫不堪的力量，支配自然的力量，目的是利用它们来谋一般的福利。因此共产主义社会将握有巨大的生产可能性及消费资料的存储量。这对社会提供了充分满足自己成员各种需要的可能性。“和个性的各方面发展并列，也增长了生产力，集体财富的一切泉源也成了极充分的，只有这时才能完全克服资产阶级法律的窄狭的眼界，社会才能在自己的旗帜上写着：各尽所能，各取所需。”①斯大林在和美国工人代表团第一次谈话中，这样叙述了共产主义社会制度的基本特色：“……这将是这样的一个社会：（一）在那里将没有生产资料和工具的私人所有制，而将是社会的、集体的所有制；（二）在那里将没有阶级和国家政权，而将是工业和农业的劳动者，他们在经济上是管理者，如劳动者的自由协会；（三）在那里，国民经济是按计划组织的，无论在工业领域中或在农业领域中，都将以最高的技术做基础；（四）在那里将没有城市和乡村之间的对立，工业和农业之间的对立；（五）在那里，生产品将是按照法国老共产主

（接上页）

“同时，很明显的，我们国家底形式，又会随着国内和国外环境变化而变更。

“不，不会保存而会消亡下去，假如那时资本主义包围已经消灭而被社会主义包围所替代了的话。”

——编者注

① 马克思语，见《马克思恩格斯全集》第十五卷，二七五页。

义者的原则——‘各尽所能，各取所需’来分配的；（六）在那里，科学和艺术将享有达到充分繁荣的十分顺利的条件；（七）在那里，个性解除了对于小片面包的忧虑及对‘暴力世界’阿谀的必要，而成了真正自由的。”①

共产主义的两个阶段

在共产主义社会发展的行程中，马克思分成了两个阶段：（一）共产主义的第一阶段或低级阶段（社会主义），这是这样的一个社会：它“……刚刚由资本主义社会中走出来，因此它在一切关系中，在经济的、伦理的和精神的关系中，依然保留有旧社会的遗迹，它是由这种旧社会的内部孵化出来的。”②“生产资料属于全社会。”③但还继续保留有资产阶级法律、货币、工资的某些形态。“……每个个别的生产者，由社会取回的东西，除去一切扣除的部分外，恰如他对社会所提供的数量。”④这些扣除的部分，是用来扩大生产、用来满足社会的需要以及其他。这，如同马克思说过的，还是资产阶级的法律，因为对每个人都按他的劳动给报酬，这也就预定了不平等，因为社会主义社会的人们的能力还不是一律的，天赋还不是一律的，也不是一律地工作的。在共产主义的低级阶段上，还保留着国家，作为核算劳动、和阶级社会的残余作斗争、防御资本主义势力和残余

① 斯大林：《列宁主义问题》，一九三页。

② 马克思语，见《马克思恩格斯全集》第十五卷，二七四页。

③ 《列宁全集》第二十一卷，四三三页。

④ 马克思语，见《马克思恩格斯全集》。

的机关。（二）仅在共产主义的高级阶段，才能实行共产主义的原则："各尽所能，各取所需"。巨大的劳动生产性，把必要的劳动时间引导到了最小限度，强制劳动让位给创造性的劳动了，这种劳动提供了个人的满足。在这个阶段上，共产主义社会才能在"自己特有的基础上"（马克思）自由地发展着，而不是在由资本主义继承来的那种窄狭的物质基础上发展着，才能解决共产主义的伟大的文化任务。这一切，把共产主义造成了最前进的、最文明的、对于人类最有利益的经济和社会制度。

与原始共产主义的区别

这些特色，使将来的共产主义制度既和以前存在过的所谓共产公社的形式（原始共产主义制度及各时期发生的共产公社）有所不同，也和各种改良主义者和思想家的想象所描述的将来的"理想国"有所区别。原始共产主义，表现在劳动和它的生产品的享有的公共性中，但这种共产主义是建立在极低的经济基础上，建立在原始的技术和低下的劳动生产性上。这使占有剩余生产品成为不可能。所以原始共产主义是贫穷的和野蛮的共产主义。

原始共产主义的各种残余及公社生活的残余［意大利的马尔卡（部落）、土地公社、强盗"公社"及其他］，和将来的共产主义制度也毫无共同之点，因为这些经济形式没有排除阶级的统治，使经济和社会的发展成了极端落后的和迟滞的。因此，甚至古代共产主义的乌托邦，描写将来的共产主义，国家的理想，也把它当作阶级的国家，这种国家是被最高的圣贤和武士阶级统治着，并应用奴隶的劳动。

古代基督教的共产主义、中世纪共产主义、异端派的共产主义，都描述了将来的社会制度，并以这种形式的制度来实现共产主义；它是以消费的共产主义为基础，而绝不是以生产的共产主义为基础。小生产几乎是那时独占的农场形式，不仅农民的经营是这样的，而且地主的经营也是这样的；地主的经营，也是由农民应用那种和小经营一样的方式进行的。和巩固的小经营结合着的财产的公平分配、共同消费，成了被压迫阶级的理想。

与空想共产主义的区别

在资本主义和大经营发展时期就形成了的乌托邦的（空想的）共产主义，高高地估计了大生产的利益。在托马斯·莫尔的“乌托邦”中，尤其在十九世纪前半期伟大的空想主义者的学说中，我们碰着了生产资料社会化的思想、对有组织的经济的高度作用之承认。在空想主义者的学说的影响下所组织的共产公社中，应用了公共的劳动组织。但空想主义者以为：为着建设共产主义社会，只要叫人确信资本主义制度不公平及设想了真正公平的和完善的制度就足够了（甚至用不着广大群众的手）。马克思主义者证明了：“这种转变，不是因为理解阶级的存在和公正、平等及其他的思想之间的矛盾，不是因为消灭阶级的单纯的愿望，就成了可能的，而只有在它们一定的新经济条件存在的时候才成了可能的。”[①]马克思指示了，资

① 恩格斯：《反杜林论》，二〇二页。

本主义的发展会引导资本主义的关系几乎囊括全体人类社会，从别方面说来，它也引来了资本主义矛盾空前的尖锐化，会引导资本主义不可避免的灭亡。资本主义的这种灭亡，不会“自动”到来，它要借无产阶级、不倦地增长着和组织着斗争的无产阶级政党——共产党——的阶级斗争准备起来和加快起来。社会主义革命、无产阶级夺取政权、无产阶级专政及建设社会主义和共产主义的创造性的努力，是资本主义发展及无产阶级斗争的不可避免的结果。共产主义，照马克思主义的理解来说，不仅是社会结构的理想，而且是关于社会发展的学说，这种学说，鼓励无产阶级和劳动者大众进行推翻剥削者阶级的统治、争取无产阶级专政的胜利、建设社会主义的伟大斗争。无产阶级有组织的阶级斗争，铸入了共产主义的群众运动中，这种运动从第一步就带着国际的性质。

是革命运动而不是改良运动

中世纪大规模的农民运动就受了共产主义异端派所宣传的共产主义思想的影响。在十八世纪末叶法国资产阶级革命的时期，社会下层的大规模的运动提出了社会平等的思想。共产主义的学说，在十九世纪和二十世纪的工人运动中找到了完全的形成。德国先进工人在国外的组织，于一八四七年取了“共产主义者同盟”的名称，并提出了这样的口号：“一切国家的无产阶级团结起来！”一八四七年至一八四八年，马克思和恩格斯接受共产主义者同盟的委托而起草的《共产党宣言》，异常清楚并明白地叙述了共产主义学说的基本原则及共产主义的纲领，它很快就成了国际革命的无产阶级的斗争纲领。第一国际（一八六四年至一八七二年）“奠下了无产阶级争取社会主义的国际斗争的基础”[①]，把马克思主义作成了无产阶级的纲领。一八七〇年至一八八〇年，各国都产生了工人的政党，这些工人的政党拥有极广大的工人群众，大部分都接受了马克思主义的纲领。第二国际是这些政党的薄弱的联合，但它依然“是准备在许多国家中广大展开运动的地基的时代”[②]。第二国际的理论家们，歪曲了马克思的学说，并尽一切努力来使无产阶级的共产主义运动变成改良主义运动。只有从俄国无产阶级反对专制政体和资本主义的斗争的革命情况中成长出来的布尔什维主义，它从最初就作为主张世界无产阶级革命的学说的党派存在着，因为列宁和斯大林不朽的劳绩，才复活了革命的马克思主义，以分析资本主义发展的新阶段——帝国主义——为基础而发展了马克思主义，把这种学说造成了国际全体无产阶级的斗争纲领。“第三共产主义国际，继续第一国际的事业，接受第二国际工作的成果，断然清除第二国际的机会主义、它的社会爱国主义、它的资产阶级的对社会主义的歪曲，着手实现无产阶级专政。”[③]

十月革命与共产主义建设

一九一七年十月俄国无产阶级专政的胜利，提供了在苏联展开社会主义建设的可能性。苏联的工人阶级和劳动的农民同盟，粉碎了被推翻的阶

① 《列宁全集》第二十四卷，二四七页。

② 同上。

③ 《共产国际纲领》，七页。

级和世界帝国主义的反革命的势力，发展了全部国民经济强有力的社会主义的改造。布尔什维克党，毅然实行了无产阶级专政的政策，并施行了列宁的创造大规模社会主义工业和先进的社会主义农业的方针，它在斯大林的领导下，达到了全国工业化，把苏联由落后的农业国家变成了先进的工业国家，创造了强大的苏维埃农场，结束了小农场的零散性，把它们变成了大规模的社会化的农场。在第一届五年计划的诸年间，奠定了社会主义经济的巩固基础。社会主义建设的一切年间，是争取肃清剥削者阶级、争取建设无阶级社会主义社会的不断斗争的年代。工人阶级在战胜了资产阶级和地主以后，又粉碎并肃清了人口最多的剥削者阶级——富农阶级。社会主义，列宁扼要地用“阶级消灭”来说明了它的特性，已经得到了极伟大的历史意义的胜利。“如果举出我国现在的社会基础，那么它就完全适合这种事实：国家的全部国民经济都成了社会主义的。就这种意义说来，我们已经解决了肃清阶级的任务。”（莫洛托夫）还留有被肃清了的阶级之残余，还没有完全扑灭个别的敌意分子，社会主义国家对他们进行了毫不妥协的斗争，如同对他们一样，也对资本主义在经济中及人们意识中的残余进行了斗争，这一切，都是共产主义社会第一阶段上不可避免的“遗迹”。

现在苏维埃国家的制度，准备着产生和发展将来的共产主义社会的要素、萌芽的条件。争取发展劳动生产性的群众运动，就是一个这样的要素，这种运动发生在一九三五年，是在斯大哈诺夫运动的名称下著名的。社会主义国家生产力的猛烈成长、工业和农业中新技术的发展、新的生产干部对这些技术的熟习成功、这些干部文化技术水准一般的提高、全国民众物质福利的迅速加大，这一切使争取高度劳动生产性的斗争成了劳动者们切身的事情。斯大哈诺夫运动，反映了劳动者达到最高劳动生产性的水准——资本主义生产中不可能的水准——的热望，反映了工人和集体农民断然提高自己的文化技术水准的热望。斯大林这样说明了这种运动的特性：它在“准备着由社会主义过渡到共产主义去的条件”[①]。大众文化技术的提高，将达到克服体力劳动和智力劳动之间的对立性，将达到财富空前地加多，将达到可能完全满足社会一切人员的需要，将达到实现这样的原则：“各尽所能，各取所需”——这种大众文化技术水准的提高，是共产主义胜利的最重要的条件。

（《苏联新百科全书》）

① 斯大林：《苏联全国第一次斯大哈诺夫运动者会议上的演说》。

八　条条道路通向共产主义

现在我们进入伟大的十月社会主义革命第三十一年的时候，可以很满意地回顾以往，并且有把握地瞻望未来。

苏维埃国家的成绩非常伟大。社会主义已深入到我们的全部生活中。在苏维埃政权条件下已经成长了新的一代人，他们正在开始施展自己的雄伟力量。

应该承认，我国革命最重要的成果，就是作为苏维埃爱国主义者的我国人民具有新的精神面貌及其思想的不断提高。苏联各族人民，不论是城市中的人或是乡村中的人，不论是体力劳动者或是智力劳动者，都是如此。这也就正是十月革命具有全世界历史意义的最伟大成绩之所在。

现在的苏联人已经不是三十年以前那样的人了。

现时苏联人的精神面貌，首先表现在自觉从事劳动的态度，认为从事劳动是执行对社会有重要意义的事情，是执行对于苏维埃国家所负的神圣义务。现时在我国每个企业里都有斯大哈诺夫式的男女工作者。社会主义竞赛运动普及到了一切集体农庄。加入竞赛的有男工和女工，有集体农庄的男女庄员，有职员和工程技师，有艺术家和科学家。从一个地方竞赛的宏大规模和内容上，就可看出现时在那里的苏维埃人中间，共产主义的劳动态度已经达到了怎样的水准。普遍发展竞赛乃是提高劳动生产率最重要的手段。

现在又广大地展开了一种新的运动，即各个工人自告奋勇地承担着各人先期完成各年度计划和整个五年计划的义务，这是战前时期所未曾有过的。这种运动在莫斯科、列宁格勒、顿巴斯以及全国各地，都是成效卓著地开展起来，证明男女工人都富有社会主义自觉精神。但这还只是我国提高劳动生产率的许多重要手段中的一种手段。

今年采办粮食的计划已经先期完成。虽然今年播种面积和技术设备还比战前低很多，但国家却能得到数量上约与战前丰收年份相等的粮食。其所以能达到这种成绩，是因为在各个共和国之间，各个边区之间，各个省区之间展开了社会主义竞赛，特别是因为所有一切集体农庄，数千百万男女庄员，都积极地参加了这种竞赛。

在战争初期，当全部工作还没有适应新环境改造过来的时候，我们感到过很大的困难。劳动群众在后方的史无先例的舍己精神及我国军队在前线的亘古未见的英勇气概，乃是崇高的苏维埃爱国主义的表现，这也就保证我们战胜了敌人。从现今苏维埃爱国主义精神的高涨中，便可十分明显地看出苏联人现时的思想水准和精神发展。

不能否认，人们意识中的资本主义残余还很活跃。所以党经常提醒苏联人民，必须在各方面开展批评与自我批评，以期肃清这种旧日的遗毒。另一方面，也不能否认，现在我们已有极大的可能来进行有成效的斗争，以便克服这种遗毒。

我国人民的文化水准在各方面都提高了。学生人数，出版事业，群众教育工作，早已达到了任何一国所望尘莫及的程度。我国知识界、文化工作者、科学和艺术人员比过去任何时候都更加充满了苏维埃爱国主义精神。现在一切优等文艺作品都是出自那些觉得自己与共产主义有着密切思想联系的作家手笔，这绝不是偶然的现象。在我国，共产主义鼓舞人们去从事精神奋发的劳动，去为祖国进行英勇斗争，去从事富有高度思想内容的创作。

外国那些被资产阶级雇佣的下等作家在战争时期曾预言，苏联人在征战中认识了欧洲文化制度，在欧洲许多都市里住过以后回国时，一定会愿意在本国也建立这种制度的。结果怎样呢？复员的官兵回到祖国后，却更加热烈地站在苏联爱国人民前列，去从事巩固集体农庄，在工厂中发展社会主义竞赛。

我们这里还不是所有的人都已经摆脱了盲目崇拜西欧，盲目崇拜资本主义文化的心理。旧俄统治阶级往往在精神上大多依附欧洲资本主义较发达的国家，这一事实是种下了它的恶果的。这就在某些旧时知识分子中养成了一种妄自菲薄而在精神上依附欧洲资本主义国家的奴仆心理。不摆脱这种可耻的遗毒，便不能成为一个真正的苏联公民。所以苏联人也就充满着莫大的决心，力求尽快铲除这种旧时遗毒，开展无情的批评来揭发任何一种盲目崇拜西欧及其资本主义文明的意识表现。

你们都知道斯大林同志论苏联公民的这一段有历史意义的言论：

“每一个摆脱了资本枷锁的最平凡的苏维埃公民，都要比国外任何一个背着资本主义奴隶制枷锁的大官显宦，高出万万。”

苏联人越是明白了解斯大林同志号召苏维埃公民去深刻认识本身伟大使命和光荣地位的这一指示，那我们也就能更迅速地朝着我们的伟大目标迈进。

马列主义思想，像晴天的太阳一样，照耀着我们这三十年来的进程。我们的前进运动是以列宁—斯大林的战略和策略为基础的。我们所经过了的道路不是一条平坦道路。敌人曾从外部和内部同时活动。敌人甚至在布尔什维克党里也有过托洛茨基分子、右派及其他叛徒和变节者这类的人替他们当奸细。由列宁和斯大林创立起来的布尔什维克党在这些考验中，变得更加坚固了，它纯洁了自己的队伍，并团结成了伟大的力量，这个力量是有把握向着共产主义社会迈进的我国人民在道义上政治上一致的最高表现，现时它在伟大的斯大林领导下，又指出走向普遍和平及摆脱流血战争的道路，走向推翻资本主义奴隶制，而使各国人民与全人类达到伟大进步的道路。

经验表明，现代共产主义运动在许多国家内已经成长和巩固到如此程度，以至于要从一个中心来领导这一运动已经是不可能了。我们也认定这是现今共产主义运动的灿烂成绩之一。同时，经验表明，各国共产党，首先是欧洲几个最强大的共产党，应当有一个联合机关，以便经常交换意见，并且必要时，还在互相同意的基础上统一诸国共产党的行动。这样，就会促进共产主义运动进一步的发展，使它在广大群众中的影响加强起来。布尔什维克党欢迎诸国共产党所采取的这种业已迫切需要的办法，并祝它们在各方面的成功。

三十年前，布尔什维克党还不过是本国人民中的一小部分。但当时列宁—斯大林党用科学的精确眼光确定了我国已迫在眉睫的历史需要，在民众中间得到了雄厚坚强的拥护，于是人民就在我们党的领导下获得了革命的胜利。现在人人都可看见这一社会主义胜利的成果及其伟大的国际意义。

现时，就欧洲范围内和欧洲范围外整个说来，民主运动与社会主义运动的联合势力，比起与之对立的帝国主义反民主营垒来，是雄厚坚强得不可比拟的。

资本主义已经成了阻碍人类进步的东西。帝国主义冒险政策已经引起过两次世界大战，而这种政策的继续乃是各国爱好和平人民当前的主要危险。伟大十月社会主义革命已向各国人民昭示出，资本主义的时代快告终结，而达到普遍和平与各国人民伟大进步的可靠道路业已开辟。帝国主义者的基地正在动摇着，任凭他们再怎样拼命挣扎，也挽救不了资本主义临近着的末日。在我们所处的这个时代，条条道路都是通向共产主义的。

伟大的列宁奠定了苏维埃国家的基础，他把我国引上了社会主义道路，结果已将历来人剥削人的现象消灭了。列宁的道路是把各国人民引向自由与幸福，把全人类引向自由与幸福的道路。

伟大斯大林始终是引导我国人民沿着共产主义的光荣道路前进的。斯大林的英名受到各国人民无限的敬爱，表现着胜利苏联的伟大，并号召大家去为人类幸福的未来而奋斗。

（摘自莫洛托夫一九四七年十一月六日在莫斯科苏维埃庆祝十月社会主义革命三十周年纪念节大会上的报告。标题是我们加的。——解放社编辑部）

·幹部必讀·

社會發展簡史

解放社編

解放社

再版例言

本書乘再版的機會　前面四節又對照原文校閱一遍　個別地方　並加了簡要註釋　以後各地如要翻印　即以此版爲根據。

解放社編輯部

一九四九年四月

編者的話

這本小冊子編印的目的，是在於給初學社會科學的同志們提供社會發展史的一般知識 前面四章是摘自列昂節夫政治經濟學初學讀本第二第三兩章；後面三章是摘自社會科學簡明教程一書第二講社會發展史內第四、五、六諸節 後面這三章材料因爲找不到原文，僅將其中所引馬克思、列寧、斯大林的話，根據馬、列、斯原著校閱了一下；有一兩處，因未註明出處，未能找到。如果讀者看了這本小冊子後，還想作進一步的研究 可讀恩格斯從猿到人、家族、私有財產及國家之起源；列寧論國家；及從蘇聯大蘇維埃百科全書譯出的社會經濟形態、封建主義、資本主義諸小冊子

解放社編輯部

一九四八年八月二十四日

目錄

一 誰是我們的祖先

美國的『猿猴訴訟』

十餘年以前 在美國一個小小的達頓城裏 曾經發生了一件轟動聽聞的官司 有一個年青教師——斯哥布 被人控告 說他犯了重罪 因為他向自己的學生講解說，人是由猿猴進化而來的 嚴厲的起訴書說道 要是人是由猿猴進化而來的 那末在這裏上帝幹什麼呢？聖經上明明說道 上帝是依照自己的模樣創造了人 這話怎樣解釋呢？

人們控告斯哥布 說他犯了反對宗教罪。和宗教是開不得玩笑的。資產階級所深切關心的是勞動羣衆能盲目地信奉牧師們所說的故事 說上帝在六日之內創造了天地 第七日休息。宗教的麻醉是把統治權保持在剝削階級手中的最有效的手段之一 宗教宣傳對壓迫和剝削之奴隸式的容

忍。要是對於上帝的信仰打破了，那末，第二步對於剝削者階級統治之牢固不破的信仰也就要打破了。所以 資產階級不惜鬧像達頓案件這樣一場官司。

其實那位青年教師只不過把幾十年以前即被科學所鐵般確定的學理重述一下罷了

勞動創造了人

人是由猿猴進化而來的。這對於人沒有絲毫侮辱之處 這一眞理 只是對於那些藉口『高貴出身』而妄圖統治的人 才不愜意的 昔時的貴族就是以『碧血』和『白骨』自誇的。❶

學者們認爲 自地球上出現生命底最初的徵候以來 大概已經有一萬萬年了 幾十萬年以前 在熱的地方居住過一種高度發展的類人猿。他們曾經成羣地居住在樹上。

樹上的生活，使他們的兩手漸漸地担任了跟兩脚不同的工作。在地上行動的時候，這些猿猴可以多少直立起來 在數十萬年間 我們祖先的手 便日益改進了。人的祖先 就由類人猿所能

❶ 十月社會主義革命前，俄國貴族常常援引聖經上的話 說自己是『碧血』和『白骨』，以表明自己『出身高貴』與普通人民——工人、農民不同。據說，在十月革命後有這末一個故事：有一次一個農民與一個貴族在一個澡塘裏一塊兒洗澡，這個農民把那個貴族好奇地看了一下，說：『你的骨頭還不是與我的一樣的?』——譯者

作的最簡單的動作 非常緩慢地進到更複雜的動作了。

『這樣——恩格斯說——手不僅是勞動的器官 而且宅也是勞動的產物。』㊀人的勞動只是在製造工具的時候才開始的 雖然這工具是極簡單的。動物也會拿取食物。其中有好多是用前爪取食物的。猴子也會丟石塊和棍棒。但是，『不論那一種猿的手 都不會製造過一把即使是極粗劣的石刀 』㊁

當我們祖先的手，經過長期的改進與練習 而學會製造石刀和類似極簡單的工具的時候 猿轉化爲人的一個決定性的步驟便完成了。

在這頭一步開始之後 接着還前進了幾步。兩手在勞動動作上的專門化和直立行走 引起了我們祖先的全部機體上的一系列的變化。勞動擴大了眼界 創造了協同一致的共同動作的必要發音分明的語言也有必要了 語言器官的相適應的發展 便漸漸地滿足了這一需要。

在勞動的影響之下，以及以後在有節語的影響之下 猿的腦筋也漸漸地改進，而變爲人的腦筋了。感覺器官的發展是跟腦筋的發展同時並進的。

㊀ 恩格斯著：勞動在從猿到人過程中的作用 中文本從猿到人 四頁

㊁ 同上，三頁

這樣 勞動在猿轉變爲人一點上 就起了決定的作用。在樹上攀援的類人猿羣變爲原始人的集團以前 曾經過了幾十萬年。使這個原始人類社會跟猿羣不同的特徵，仍是勞動。

動物只會消極地適應於自然界。猿羣把宅們所棲住的樹林變成荒蕪的時候 便移居到別一樹林去了。要是這因爲某種原因而不可能的話——假定猿羣達到了他們所住的孤島的岸邊——那只有死亡了。

人依靠勞動 可以積極地作用於自然界。人造的工具 彷彿延長了他自身的天然器官 他所製造的漁獵工具 把他兩手的力量增加了好幾倍！

人的生長地是熱的地方。在這種地方 植物繁多 費去少許勞動 即可溫飽 比方在亞洲南部各島上 長着完整的西米樹林（Sago） 人們把這種樹的莖髓 磨成粉末 可供食用。在此等地方 人們到樹林裏去採取糧食 好像我們到樹林裏去採薪一樣

勞動活動的發展 使人得以從熱帶移居於較溫暖的地區。後來又移居於較寒冷的地方 這樣一來 又造成了一系列新的要求 如需要衣服和房屋，以防禦寒冷和潮濕。這些新的需要引起了新的勞動領域之必要，進一步改善人的能力之必要。

所以 恩格斯說得好，『勞動創造了人本身』㊀ 那是完全正確的

（列昂節夫　政治經濟學初學讀本第二章）

㊀恩格斯著　勞動在從猿到人過程中的作用　一頁

二　原始共產主義

我們的目的是無階級的社會主義社會

俄國十月革命揭開了人類歷史上的一個新時代。它以建設社會主義爲自己的任務。在社會主義之下，人剝削人的事情　就消滅了　自一九三三年起　蘇聯所實施的第二次五年計劃　其任務就是要建成沒有階級的社會主義社會

斯大林在其在一九三三年二月蘇聯全國集體農場突擊隊員第一次大會上的演說中說道

『各民族底歷史上有過不少的革命了　這些革命跟十月革命不同的地方　就在於它們都是片面性的革命。對勞動者的一種剝削形式被別種剝削形式取而代之　但是剝削本身仍是保留下了　一種剝削者和壓迫者被別種剝削者和壓迫者取而代之　但是剝削者和壓迫者本身仍是保留下了。只有十月革命，才抱了消滅

一切剝削，肅清所有一切剝削者和壓迫者的目的。」

所以，蘇聯的目的，是在建設一個沒有階級和階級差別的社會。階級是永遠存在的嗎？有沒有這樣一個時期，那時人類社會還沒有劃分為各種不同的階級　劃分為剝削者和被剝削者？這個問題對我們有着很大的興趣。

階級是否永遠存在的？

資產階級的僕役們千方百計想證明，社會之劃分為各種不同的階級　是不可避免的。對於錢袋的辯護士們所特別重要的，是把事情描寫成這樣　彷彿剝削者和被剝削者的存在乃是任何社會存在之永久而必要的條件。他們說教似地宣傳　彷彿

上天布置極賢明，
死者後嗣不同羣
一羣應受他人養
別羣理須養他人。

在古羅馬時代，當被剝削者起來反對自己的統治者的時候　統治階級的一個辯護士說了一個謊

話、他把社會比作人的機體　說人體有兩手，可以執行任何工作；有胃，可以消化食物。同樣在社會上　應該有一部分人肩負各種勞動　應該有另一部分人　消費別人勞動的果實。老實說，後來替剝削階級統治辯護的人們　他們在反對消滅人對人的剝削時　是跟這個極端卑劣的謊話實在相差不遠的。

事實上　鐵般的事實證明　人類在好多好多年代裏邊並不知道有階級的區分　不知道有階級的統治和剝削。

是共同生活呢　還是離羣索居？

也許在太古時代　由於人們離羣索居這個簡單的理由，而沒有各種階級吧？有部有趣的小說，宅寫於二百年以前　但是直到今日不論青年或成年人都以莫大的興趣讀着宅　那部小說　是敍述一個英國水手名叫魯濱遜的奇異事蹟。他乘了一隻船　駛到很遠的海洋裏　遇了難。魯濱遜一人　被神救活　達到海岸　登上一個沒有人跡的孤島。他表現了有發明能力的奇蹟　在一個人孤居的惡劣環境下　居然建設了自己的生活　他漸漸地學會了採取食物的種種

方法 開墾土地，進行播種 獵捕山羊，採集果實。他給自己造屋、縫衣、並製造碗碟。

他過了好幾年完全孤居的生活。在天氣晴朗的一日 他得到了一個助手和僕人——星期五他是本地土人 被魯濱遜從死中救活。從此星期五就做了魯濱遜的忠實奴僕

這部小說以藝術的形式敘述了關於人類過去的一定的表象。在太古時代 人們是孤居的。人們在獨居生活中學會了跟自然界作鬥爭 後來强者和能者征服了弱者和落後者。於是產生了統治者和奴隸。當資產階級在爲政權而鬥爭的時候 該階級的代表正是這樣的描寫人類社會的發生的。

不過 小說中也許有趣的故事 並不適合於用作科學的說明 事實上 人類發展的幼年時期是跟魯濱遜的生活沒有絲毫共同之處的。

我們的類人猿祖先 是羣居的。原始的人也是羣居的。只有在共同生活之下 人才能跟動物界分離。只有共同生活，人們才能在共發展的低級階段上跟强有力的自然作鬥爭 不論勞動的發展也好 或語言的發展也好 要是沒有人們的共同生活 那是不可能的。

從什麼地方我們可以知道原始人類的生活？

在寫魯濱遜漂流記的那個時候，人們以爲，想像漂流在一個荒島上的一個人應做的事情，便可推知原始人們的生活。但是後來科學發現了很多比較可靠的材料 從這些材料中我們就可以知道人類生活最初時期的情形。

有一門科學 叫做地質學 它是研究地球構造的科學。在調查有益礦物層 如煤、石油、黃金、鐵等上 它是異常重要的。這門科學能準確地規定地殼某層形成的時間。這些地層之中有許多是非常古老的 它們自誕生以來有好幾十萬年之久了。

正是在這些古老的地層中掘出了原始人類的遺骨。根據這些骨骼可以判斷出，這些人距離他們的祖先——類人猿還不很遠。並且還掘出了由猿變爲人的過渡模樣——半猿半人模樣。

有些地方掘出了比較晚近的人類之好多遺骨。同人的骨骼在一起的 還有那時人類所用的工具和什器。

我們知識底第二個重要來源便是研究蒙昧人部落的生活 現今地圖上還有好多白點 調查研

究者足跡還沒有到過的地方 這些地方不僅是那不能攀緣的山巔或兩極的冰漠 而且是人們可以居住的這樣的地方。比如一九三五年初報紙上有這樣一段消息說 在新幾尼亞島（在澳洲）上 探險家深入一個四面爲高山所屛蔽的廣闊地域 他們在這裏發見了一種土人部落 這種土人的存在 世上從來是不曉得的。

幾百年以前，這種沒有調查過的地方更多。有些旅行家在蒙昧人中間居住了好幾年，研究了他們的生活。繼着大胆的旅行家之後而來的 則是歐洲列強的武裝部隊 他們用火和劍傳播『西歐文明的光明』 掠奪蒙昧人 屠殺他們 把他們趕到深山、沼澤和荒漠裏邊去 把他們的土地變爲殖民地。在探險家所研究過的部落中間 沒有一個是處在人類發展的最低階段上的。不過關於他們生活的記載 却成了研究人類社會生活初期的寶貴材料。

最後 我們的關於原始社會的知識之寶貴材料是語言 有許多字是由遠古傳來的。再則 人民的創作 如寓言 故事 歌謠等，在未成文之前 已經口傳了幾百年之久 這也有巨大的意義。

原始人是怎樣生活的？

人們自跟動物界分離以後，在一個長久時期，在自然的威力面前，仍舊是非常輭弱和束手無策的。在最初時期人們還是半動物，他們是住在樹上　以防備更兇猛的動物。

人們住在自己的生長地，在炎熱的氣候之下，以果實、核仁、根莖爲食料。採集果實是人的基本職業。在這一階段上　人們是羣居的　正如他們的直接的祖先一樣。一羣人數不多　很少超過三五十人。他們不分性別和年齡　統通從事採集果實、塊根　野禾、捕捉小鳥和小獸。工具是由石頭和木頭做成的。棍棒是用以掘地　捉拿小獸。棒的一端　附有用粗磨的石頭製成的利尖。並使用其他用石頭和獸骨製成的簡單工具。人是用雜亂的性交繁殖着。這種情形　爲時很久。

火的發現和過渡到漁獵　才結束了『人類的這種幼年時期』。火的發現　在原始人類的歷史上有着很大的意義。

『它（火）第一次給了人以支配一定自然力的權力，由此而使人最後脫離了動物界　』（恩格斯）

不過，在人學會摩擦取火以前　過了好多年代。

火使新的食物爲人所接近了。他開始用魚類、蝦蟹以及種種水產動物做食物了。植物食料的範圍也擴大了。獵捕更大的動物之事也出現了。在這一發展階段上，人已散居於較寒冷的地帶 尤其是江河海洋沿岸 人學會了造屋。初期的住所 是由樹枝架成的草屋。

弓箭的發明 更向前進了一大步。這時打獵可以獲得更多的獵品。打獵的作用一天天增長 但是，打獵需要有某種的分工。婦女和小孩不從事打獵。婦女的任務是採集植物食料 並加以製作。打獵的成績 是不經常的 常依機會幸運而定。採集植物食料，仍舊演有大的作用 所以婦女在這一時期，在勞動過程中起着極大的作用 並佔着顯著的地位。

澳洲土人初次看見英國僑民携着馱着東西的牝牛走 便以爲這種牝牛是僑民的老婆 原來澳洲土人出外打獵 總是婦女肩負東西 正像牝牛一樣 她背着家用雜物、一部分武器以及小孩，男子則輕快地走着。他手裏拿的只是武器。他是在轉移的時候獲取食物的。

氏族公社

馴養動物和耕種土地 乃是原始人們生活上的一個巨大的進步 這安置下了畜牧業和農業的

開端。勞動工具也隨之而改進着。

人是按照自己身體四肢的模樣製造了自己的最初的工具。此種工具作了這些器官的加長和增强 比如鈍器是照拳頭的樣子造成的 利器是照爪或牙齒的樣子造成的。最初的碗是按照手掬的形式製成的 鈎是照彎曲的手指造成的。工具受實際需要的影響 日益改良。比如棒可作各種不同的用途 重擊則用短棒 掘地則用鶴嘴器 打獵則用削成矛形的棒等。人學會了製造石斧。陶業也出現了。人可用火和石斧 挖木造舟。

在這一階段上 部落已經取原始『霍德』（羣）的地位而代之 每一部落分為各個氏族 隨着人口的增加 每一氏族又分爲好幾個附屬氏族 附屬氏族的人員 則由血緣的關係連結着。他們共同勞動，共同消費他們共同勞動所得的果實 在人類社會發展的這些低級階段上 還沒有什麼不平等現象存在的餘地 人們由打獵 牧畜或由極原始的耕種所得的產品 僅够人們簡單的生存之用 尚無剩餘可言。

一切民族 在其發展的初期 都過過這種氏族公社的生活 不久以前 在那些文明國家的影響尙未侵入的地球上好多遼遠的偏僻角落，在蒙昧人中間還完完全全地保存着這種原始公社 沒有觸動過。歐洲現代各個民族的祖先在一千年或一千五百年以前，還是過着氏族制度的生活 勞

動在其主要的部分上　帶着共同的性質　馬克思指出　這種原始公社裏的共同勞動　是建立在下列兩種情況上面：第一是建立在生產資料的公社所有制上面；第二是建立在各個人還沒有脫離把他跟氏族聯結起來的臍帶。正像各個蜜蜂跟蜂集聯系起來一樣。

人用自己的原始的勞動工具　單獨工作　往往是無力的。凡研究過部落和氏族生活的遊歷家都記述了集體打獵　集體捕魚　等等。

有位遊歷家說道　南美土人用石斧伐一棵樹要費兩天的勞動　如用普通的金屬斧　一點鐘就行了。但是爲了耕種，地面上往往須要伐去樹木。所伐的樹木　被燒掉了　以肥沃土壤。

他們是用削尖的木棒挖鬆土地　然後代以最原始的鶴嘴器　幾個人排成一列　都用尖棒同時動作　掘起土塊　然後再把土塊打碎。土地是全氏族的共同財產。共同應用的勞動工具　也是全氏族的集體所有　許多氏族　同居在一個共同的大屋裏邊　這種大屋　有時在一個屋頂下　可容納七百餘人。

勞動生產品是如何分配的？

這樣　勞動是共同的。粗糙的生產資料　也是集體的所有制　勞動的果實也是公共消費的

有位旅行家　把印第安人伊洛魁部落的生活　描述如下：

『凡一家的某一人員，在打獵、捕魚中或由種地所得的一切，都放在公共貯藏室裏；家中人員都是靠公共的存品生活的。每家有幾個爐灶，普通是每四間設一個灶。爐灶安置在走廊，沒有煙囪。每家事務由主婦領導。各灶燒好每日的普通菜飯後　把主婦請來，由她按照各個家庭的需要，把食料分配給各個家庭。』

資產階級的作家，對於人散佈了極惡劣的讒謗，說只有私有財產才能迫使人勞動。有些研究原始部落生活的遊歷家　列舉了好多例子　證明這種說法是荒謬絕倫的　有位旅行家關於澳大利亞土人說道

『在黑巴爾部落中，料想所有男子，除了有病的以外，都要從事尋求食物。要是某一男子偷懶，躲在帳幕裏，那末，他要受別人的恥笑與侮辱的。自清早起，男女老幼，都要離開帳幕，出外覓取食物。經過充分的時間後，男女携帶獲得品，至附近的穴內，放下薪柴，燒烤野禽。待長者把食物公公平平地分給各人後，男女老幼便和睦地吃。吃完之後，女的把殘餘的帶回帳幕，男的又繼續在路上打獵。』

有許多打獵的部落 在私有財產發生後 還把全族人員共分獵獲品的習慣保持了好久

原始的沒有階級的社會

原始的共產主義，便是如此。在這種制度之下 社會還沒有劃分成各種階級。各民族和各部落 都有這一制度的各種不同的特點。然而 不管有這些特點 一切民族發展的原始階段 都顯露了社會結構在基本輪廓上的一定的相似。

資產階級的學者 最害怕共產主義和消滅私有財產，他們企圖把事情描寫成這樣 彷彿沒有私有財產 那人類社會的存在和一般人的生活就根本成爲不可能了。

人類社會的眞實歷史光輝地推翻了資本僕役們的這一謬說 事實上 人們曾經生活了幾千年 根本不知道什麽是私有財產。

氏族制度是一種簡單的、同時又是十分堅固的組織。在原始共產主義之下，還沒有國家的任何徵候。國家是在以後出現的，是隨着私有財產的發生和社會的分爲階級而出現的。

「曾經有一個時候沒有國家，那時共同的聯系 社會本身、紀律、勞動的秩序 是靠習慣 傳統的力量

及氏族的長者或婦女所享的權威或尊重來維持的（那時婦女往往不僅佔着跟男子平等的地位 有時甚至佔着還要高的地位）。當時特殊的人物，專從事管理的專門家，是沒有的。』㊀

在原始共產主義社會裏，有好多事業是共同的。土地是公共的財產 經濟也是共產主義式地經營的。然而所發生的任何糾紛和紛爭 都是很容易共同和解的 沒有貧窮的人 因爲老者、病人以及在戰爭中或在打獵中殘廢的 都是由氏族來扶養的。

『凡與未被損害的印第安人接觸過的白人，對於這種野蠻人的自尊感 高尚 公正及勇敢 無不稱讚由此可知，這種社會會產生了怎樣的男女。』㊁

這樣，我們看到，社會之分爲剝削階級和被剝削階級 並不是每個社會的永久而不可避免的特質。相反的 人類社會曾經經歷過一個非常長久的時期 不知道有階級 也不曉得有剝削。

原始社會的解體

㊀ 列寧：論國家，列寧全集第十四卷，第三六六頁 中文本 六頁

㊁ 恩格斯：家族、私有財產及國家之起源。

恩格斯說：

『氏族制度沒有統治與壓迫之事　這件事實表現出了氏族制度的偉大　同時也表現出了它的有限性。』❶

原始共產主義是跟人類社會生產力發展中的一定水平相適應的。但是生產力的發展，不是停滯在一個地方。它是在向前發展着　不過那時發展的速度是很緩慢的。人口是在日益增加和繁密着，勞動工具是在日益改進着　人的知識與才能也一天天在增加着　原始社會的舊形態也隨之而動搖着。

家畜的馴養　引導到從原始社會的其他部落中分出了專從事牧畜的部落　這是**第一個大規模的社會勞動分工**。此時個別公社已各有各不相同的生產品了。在遊牧部落則出現了牧畜業的生產品　毛、肉　皮等等。這便造成了各個部落之間發生**交換**的基礎。最初交換是進行於各氏族公社的長者之間　牲畜成爲主要的交換品。交換起初是發生於各部落相遇的地方　交換起初不是進行於公社的個別成員之間　而是進行於各種不同的公社之間。

年長者把交換集中在自己手中以後　便很快地養成一種習慣　把所交換的東西視爲自己個人

❶恩格斯：家族、私有財產及國家之起源，一二〇頁

的私產了。於是牲畜也就逐漸變成了私有財產。

人由栽培植物的原始方法過渡到比較完善的耕種田地的方法。最初的耕具出現了。這種耕具套以家畜。從前耕田非十幾個人的共同勞動不可。此時一個人卽可耕種一塊土地了　這樣　勞動工具的改進創造了個體經營的可能性。於是土地的集體所有讓位於私人所有了。

獵人武器的變爲私有財產　還要早些　人由簡單的棍棒進到更複雜的打獵武器。但是這種比較複雜的武器　須有更多的技巧和智慧　才能運用。打獵者應習慣於自己的戈矛或弓箭。在這裏　隨着人類勞動工具的進一步的發展　私有也就代替了公有。

各種階級的發生

原始共產主義受生產力發展的影響而崩潰了　代之而出現的則是階級社會。自從發現熔煉鐵砂和發明文字後　原始社會時期就告終結　而文明時期也就開始了。馬克思和恩格斯在共產黨宣言一書中說　從這個時期起，人類社會的全部歷史便是階級鬥爭的歷史。

階級是怎樣產生的？階級的出現是跟社會發展的全部行程密切聯系着的

在發展的低級階段上　一個人的勞動所提供的生產品僅够養活他自己之用。在這種條件之下　還沒有人剝削人之事。把戰敗的敵人　不是收容於自己的氏族以內　便是殺死了。在這一階段上，甚至還碰到人吃人的事情。

牧畜業的發展，尤其農業的發達，顯著地提高了人的勞動之生產性。『家族是不像牲畜那樣快地增加的。』㊀但看管牲畜，處處需要人　此時對待戰爭中所刼奪來的俘虜，也就不同了。把他們變成了奴隸制。奴隸的勞動所生產的生產品　要多於他本人可憐的生活所需要者。所餘下的便歸奴隸佔有者了　恩格斯說的好

『從第一次大規模的社會分工中產生了社會第一次大規模的劃分爲兩個階級　—統治者和奴隸　剝削者和被剝削者。』㊁

隨着人學會了一切新的勞動種類與勞動方法　就發生了勞動分工的更進一步的發展。人們學會了製造什器　各色各樣的勞動工具以及各式的武器等等。這一切漸漸地引導到了手工業跟農業的分離。因而交換發展的基礎也大大地擴充了。這是第二次大規模的社會分工。

㊀恩格斯：家族、私有財產及國家之起源　七六頁

㊁同上，一九〇頁

隨着土地 牲畜及勞動工具私人所有制的產生 也就造成了一種產生不平等增長的基礎 恩格斯說

「與自由人和奴隸的劃分並行 出現了富貧的區別——即新的勞動分工所決定的社會之新的劃分爲階級」㊀

這樣 我們看到，社會的劃分爲諸階級 只是在人類社會發展的一定階段上才產生的 在好幾千年間人類生活 不知道有什麼階級的差別 後來在社會生產發展的一定階段上才產生了各個階級。劃分爲各對立階級的社會 是在循着自己發展的一定道路前進的這一道路又是沒有階級的社會之準備 不過這個沒有階級的社會已是在別一個基礎上 是在無比更高的發展階段上了。恩格斯說

「階級是在滅亡着 它們是在不可免地滅亡着 正像它們過去不可免地要產生一樣」㊁

原始共產主義的殘餘

㊀恩格斯：家族、私有財產及國家之起源，一九三頁。

㊁恩格斯：家族、私有財產及國家之起源，二〇四頁。

自從原始共產主義崩潰以來　已過了幾千年了　然而這一制度的許多殘餘　却顯露了顯著的生活力！

帝俄時代的農民公社　即是一個很好的證據　那時俄國鄉村土地爲農民全『社』公共使用正常地進行重新分配。封建地主和沙皇政府　則長期保護農民公社　以免崩壞。這對他們是有利的。因爲在公社保存之下　便於剝削農民　徵收捐稅等等。自一九〇五年革命後　沙皇政府才開始破壞公社制度的殘餘　它竭力想造成一種殷實的富農，作爲自己的支柱。

在先進的資本主義國家裏　也還保存有土地公社佔有制的若干殘餘。牧放牲畜的公共草場即其一例。

但是在那些以緩慢速度發展的國家裏　公社制度的殘餘便無比厲害了　此等國家　自確立階級統治和產生國家後　曾經過了好幾千年　在鄉村裏還往往保存有公社制度。印度就是一個例子。馬克思在資本論第一卷四〇五——四〇六頁中關於十九世紀中葉還保存的印度公社　敘述如下

『印度各部分還存在着各種不同的公社形式。在最簡單的公社裏面，土地的耕種是共同進行的，並且生產品是由各個社員互分的；同時每家還獨立從事紡紗織布等等，視爲家庭副業。與這種從事同樣勞動的羣衆並列的，我們看到，還有一個「社長」，他一身兼裁判官、警察官、收稅官三個職務；一個司賬員，他計算耕作、並登記與此有關的一切；一個三等官吏，他査辦犯人，保護外來旅客，並導引他們遊歷各村．一個邊

界守護員，他看守本社邊界，防禦鄰社侵害；一個水池監視員，他從公共水池分配灌田所需之水；一個婆羅門教主，他司理宗教儀式職能；一個教師，他在沙地上，教育公社兒童讀書識字；一個掌管曆書的婆羅門教主，他以占星學者資格，指示播種、收穫日期及對各項農務一般利與不利的日子；一個鐵匠和一個木匠，他們製造和修理一切農具，一個陶器匠，他製造全村所用的碗碟；一個理髮匠；一個洗衣工，洗滌一切衣服；一個銀匠；有的且有一個詩人。這種詩人在有的公社裏兼做銀匠，在有的公社裏則兼做教師。上述這些人都由公社供養。要是人口增加，那末依照老的榜樣在未開墾的土地上重組一個新的公社。』

— 36 —

原始民族與資本主義

在十九世紀 地球上還有不少住着原始部落的廣大地區 這些地方一個一個都被資本主義列強所侵佔了。原始部落則被剿滅殆盡。

有位資產階級的政治家 把侵佔殖民地的方式 用以下簡單的話 表現出來：『起初是傳敎士 然後是商人，最後便是軍艦。』實際上 假仁假義的傳敎士 通常總是臭名遠揚的資本主義欺詐『文化』底頭等偵探。他們似乎是爲『拯救』土人的『靈魂』而來的。跟着他們的足跡而來的 則是一批貪慾的『商人』 他們用欺騙 麻醉及公開掠奪的方法 奪取土人的珍貴生產品（象

牙 柔皮 棉花 咖啡等等） 以與低廉的劣貨相『交換』 這種『貿易』開始後 經過相當時期，便出現了武裝力量 這種武裝力量用火和劍在新的殖民地領土上 耀武揚威 使他們隸屬於西班牙的、葡萄牙的 比利時的或英國的國王 對於國王的新臣民課以苛重的捐稅。水手 兵士及各種黑暗的冒險家——把梅毒及其他病症 閃電似地傳佈於殖民地。大量運入殖民地的唯一工業品 那便是酒。疾病與酗醉引導到整個民族好像遭受大災難似地 很快地死亡殆盡。這就是一幅資本主義賜給還未脫離原始狀態的落後民族的『恩典』圖畫。

從家長制到社會主義

俄國資本主義也是這樣經營蘇聯北極各地原始民族的 在這些地方 跟在別的地方一樣 給了蘇維埃政權留下了苦重的遺產。

但是社會主義革命對於落後民族卻開闢了一條新的道路。帝俄時代的警官 奸商 富農——總而言之 一切剝削者 都被鐵的掃帚一掃而光了。開放了一條由死亡走上新生的廣大道路 各種落後的民族都匯合於社會主義了 他們首次在蘇聯發見了自己的祖國

蘇聯北極的巨大開發工作是跟宅對這些邊遠地方的土著居民的日常幫助和關心分不開的。近年來蘇聯光榮的北極水手們和飛行英雄們　勇敢的地下富源調查者們　都給北極灌輸了新的生活。

在北極圈內產生了各種工業企業。創辦了大規模的國營獵獸場　土著居民——獵戶、畜鹿者——都加入集體農場。這樣，由於無產階級專政的幫助　他們都由原始的社會形態直接轉向最高的社會主義社會形態了。在半年過着北極夜的地方，已經建立了經常的航空交通。無線電把北極各個遼遠偏僻的據點聯絡成了一個整體。

在極偏僻的地方　都開辦了醫院和學校。從前沒有文字的各民族　都創造了字母。年青的納西人和伏古拉人　奧斯恰克人和亞留達人　都到社會主義祖國底各大中心來求學了。總之　列寧和斯大林的民族政策　使社會主義的光明照到了遼遠的北極

（列昂節夫　政治經濟學初學讀本第二章）

三　奴隸佔有制度

剩餘生產品是社會分成階級的基礎

隨着原始共產主義的崩潰　而出現了一些完整的人們集團　這種集團　用典型的話說　是不種而割。出現了一些人們集團　他們是靠他人的勞動來生活的　不過要辦到這一點　須要一個工作者的勞動所提供的生產品多於他本人的生存所需要者　我們已經看到　隨着農業　牧畜業及家庭手工業的發展　勞動生產性的增加已使這種條件具備了。

現在一個工作者的勞動分成了兩部分。一部分是創造工作者本人所應消費的生產品　以維持自己的生存。這是他的必要勞動。但是除了這項必要的勞動外，工作者現在還要耗費剩餘的勞動　這種剩餘勞動的果實　便落在剝削者的手中了　凡是沒有剩餘勞動的地方　也就沒有奴隸佔

有者、封建主及資本家立脚的餘地

勞動生產性的增長 對社會開闢了更快地向前發展的可能性。不過剝削階級却收了這種日益增加的生產性之果實。只有在剝削制度消滅後 勞動生產性的增長才是給全社會服務的。

在階級的社會裏 是用種種方法從勞動者身上榨取剩餘生產品的。榨取剩餘勞動的方式 可使這一階級剝削的形式與另一階級剝削的形式區別開來 歷史上已有三種剝削制度的形式 即奴隸佔有制度 封建制度 資本主義。

奴隸與奴隸佔有者

奴隸制度是剝削制度的頭一個形式 『奴隸佔有者與奴隸社會是分成階級的頭一個大劃分』(列寧) 奴隸佔有制度在古代世界．在古東方各國、在希臘 在羅馬 統治了好幾百年。

在奴隸制度之下 被剝削羣衆是其剝削者的財產。奴隸之屬於自己主人 正如房屋、土地牲畜等等之屬於他一樣。奴隸被認爲是屬於他主人的一件物品 主人可以打死奴隸 並不負責奴隸佔有者視奴隸爲其財產的一部分 主人財富的多寡 則看他的奴隸的數目有多少。

什麽迫使奴隸去勞動呢 是毫不隱蔽的暴力 奴隸勞動 這是公開形式的强制勞動 只有赤裸裸的强制辦法才迫使奴隸給主人工作。

往往奴隸是帶着手銬脚鐐工作 爲的叫他們不能逃走 在當時的帆船上 奴隸用鐵鏈連着在奴隸不帶脚鐐而勞動的地方，則經常是監工底皮鞭監視着他們

隨着階級統治的發生 國家也發生了 國家是一種暴力機關 它是爲了制服被剝削者羣衆而創立的

在奴隸制度時代 國家的各種形式 如君主政體 如共和制等 就已經出現了 不論國家的形式如何 它總是奴隸佔有者統治的機關 奴隸一般不算作社會的一員。

在統治階級的代表者看來，奴隸制度乃是任何人類社會之完全天然的基礎 古代偉大的思想家亞里士多德（他是奴隸佔有者階級的代表者）曾說

『不論怎樣 但是十分顯明的 一些人就其天性說是自由的 而別一些人就其天性說則是奴隸 他們當奴隸是有益的和正當的。』

同樣 現今資本的另一種坦白的僕役們也叫人相信 一些人就其天性說應握有巨額財富 別一些人就其天性說應給他們工作 工人作爲被剝削者是有益的和正當的。

奴隸制的發生

奴隸制度是發生在原始共產主義的廢墟上　在氏族公社的範圍內發展起來的生產力之生長突破了這種範圍。

隨着社會分工的最初幾個步驟　創造了交換發展的基礎　當時一切氏族都生產着同一的生產品　沒有東西可以交換　隨着勞動分工的發展　光景也就不同了　出現了一系列生產品　它們用作交換的對象。

公社的所有制讓位於私人所有制了　在氏族內部　不平等漸漸發展起來。氏族的顯貴分化出來　這是經濟上比較强大的家庭　大宗財富積蓄在他們的手裏。權力也集中在他們的手裏　在戰爭期間　顯貴的氏族則充作指揮　他們把在戰爭中奪得的俘虜　作爲奴隸　顯貴的氏族便成了奴隸佔有者。

在古代希臘　顯貴人士主要是住在雅典及其近郊　雅典經營當時大量的海上貿易　海上貿易成了顯貴人士發財致富的來源　大宗錢幣集中在他們的手中　顯貴富翁把這些錢以高利借於土地

佔有者。

當時希臘的田野裏處處插着標誌，上書 本地已以若干錢 押於某某人 若債款不能按期償還給顯貴的高利貸者 那田地卽歸他所有了。此時農民只要被允許作佃農 卽以爲滿足 在此種情形之下 留給他的僅有收成的六分之一 其餘六分之五則交給新的土地佔有者了

假使債戶無力償其債務的話 便把自己的子女賣作奴隸 隨着奴隸佔有制度的發展 債戶本人也變成了奴隸

從家庭經濟到大生產

起初奴隸制僅帶着偶然的性質。奴隸也不很多。他們的主人跟他們在一塊兒工作 奴隸寧是工作中的助手或家中傭僕，例如廚子、馬夫、侍役等。交換還不發達。凡生產的一切 差不多全爲家中所消費了。這樣 生產主要地還是自然的。

進一步的發展 便根本改變了情景。熔鐵術的發現 帶來了生產中的革命。不僅用鐵製刀劍 而且用以製犂了。手工業用鐵可作爲製作各種製品的優良的材料了 耕種大塊地也有可能

了

農業開始不僅供給糧食和菜蔬，而且供給酒及油了。紡織、鐵業及其他手工業，一天比一天精巧起來。手工業已不是農業的單純的點綴品了。手工業逐漸脫離農業了。交換日益擴大了。宅在古代的時候　已經包括了一系列的國度　商業——尤其是各國之間的貿易　一天比一天發達起來

於是顯貴與不顯貴之分　失掉了自己的意義　好多顯貴的氏族　貧窮起來了　別方面　不顯貴的氏族當中也出現了在戰爭中或在貿易中發財的人們。恩格斯在家族　私有財產及國家之起源（一九三頁）一書中說道

『在前一個發展階段上，剛剛發生而且偶然的奴隸制度，現在竟成了社會體系的一個主要構成部分　奴隸已不是簡單的助手，現在把他們幾十幾十地趕到田野或手工場裏去作工了。』

大規模的奴隸生產

於是發生了大規模的奴隸佔有經濟　這時富有的奴隸佔有者　往往握有奴隸幾百以至幾千

他們侵佔了巨大的地面　造成了規模宏大的奴隸佔有莊園　在古代羅馬　此種莊園叫做『大莊園』（Latifundium）。

在廣漠無邊的田野裏，大羣的奴隸從日出作到日落。技術是非常低下的。在一塊極肥沃的田地上，收成通常不超過原來種籽的四倍。甚至在奴隸制統治時代所建造的大建築物，也是由巨量奴隸的筋肉勞動所造成的，他們是用極簡單的工具工作的。奴主並不想設法減輕奴隸的勞動。除農業生產外　手工業　交通、貿易上也大量地應用奴隸勞動。

在奴隸佔有制的希臘　曾盛行大規模的手工場。奴隸是按專門技能劃分的　其中好多達到了高度的完善。不過生產仍是小規模的　勞動工具還是很少發展的

海上運輸對希臘有莫大的意義。其貿易大半是在海上進行的。當時希臘已有很大的船舶　用的槳有五十隻的，有一百隻的　有一百二十隻的　司槳的通常都是奴隸。

『說話的工具』

在這個時期　對奴隸的剝削採取着特別殘酷的形式　對待奴隸　比對待牲畜還要壞　而且在

不斷混戰和債戶破產而變爲奴隸的條件下 奴隸的確比牲畜還便宜。例如 在古羅馬 一匹駿馬約值現在的貨幣四百盧布 而戰爭失敗後的軍事俘虜有時只賣幾個盧布。

奴隸佔有制的羅馬 把工具分爲三種 一是啞吧工具 一切器具都屬於此項以內 二是半說話的工具 即牲畜；三是說話的工具，這就是奴隸的稱呼。在奴隸佔有社會的眼光中 奴隸跟一柄斧或一匹牛的區別 只在於他會說話罷了 在其餘關係上 奴隸連牲畜或勞動工具一樣，同爲主人的財產。

在金礦中 對奴隸的剝削是特別殘酷的。一位古羅馬的著作家 把這一工作敍述如下 『這兒對病人、病弱的老人以及對孱弱的婦女，沒有絲毫謙讓和憐憫的餘地 誰都要工作 稍有違抗即加以鞭笞。只有死亡，才可使他們的痛苦和貧困告終。』

在採金中 爲什麼對奴隸勞動的剝削是沒有限度的 這是很明白的。不論金子採了多少 奴隸佔有者總是能夠找到用處的。金子乃人人心愛的裝飾品。尤其頂主要的，金子容易換得當時人們所曉得的任何物品。

但是別的生產品——農業和手工業的生產品，便不是這樣了。比如古代的商業，甚至在其最繁盛的當兒 都沒有包羅萬象的性質。生產品的極大部分並不是出賣了 而是在大規模奴隸佔有

經濟的內部消費了

所以　奴隸勞動是完全不生產地耗費了。支配階級耽於瘋狂的奢侈。浪費的情形採取了空前未有的規模。爲了滿足奴隸佔有者們的奇想怪癖　要耗費數千奴隸的辛苦勞動

奴隸佔有社會的技術

在奴隸佔有制度之下　勞動是以非常低下的技術爲基礎的　甚至大規模的建築　也是用大量耗費人的筋肉力量所造成的。在埃及　建造了巨大的皇陵——金字塔，其中赫奧普　高達一百三十七公尺　造於公元前三千年　十幾萬人搬運了三個月的石頭。在古希臘　據亞里士多德的敍述　所用的器具有下述各種　斧　轆轤　軸　車輪　秤　滑車　滑車輪、舵　用銅或鐵製的小齒輪等。

奴隸　對勞動生產性的提高　毫無興趣　加以　他沒有別的表示自己反抗的方式　往往以極惡劣的態度對待勞動工具　猶如奴隸佔有者對待他一樣。所以　給奴隸用的只是頂粗糙、頂拙笨而難損壞的工具。同時，奴隸佔有者對提高勞動生產性一事　也不大有興趣　因爲反正有着大量的無酬的勞動力可以給他服務的。所以　在奴隸佔有制度下面　技術是停滯在很低的發展階段上

的

奴隸制度怎樣成了社會發展的障礙？

在人類社會發展的一定階段上 奴隸佔有制度是前進了一步。從前是把軍事俘虜殺掉了 現在把他們活留下 變作奴隸 其次 奴隸制度創造了農業和手工業之間更廣大的分工的可能性。奴隸佔有制度創造了大生產。在原始共產主義關係崩潰後 奴隸佔有制度成了衆多的工作者共同勞動的基礎。共同勞動，甚至在勞動仍是用那最簡單的工具時，總比個人單獨的工作要生產的多些

在奴隸佔有社會裏 尤其在古代希臘和古代羅馬 科學和藝術的發展都達到了極高的階段這是用無數的奴隸羣衆的骨頭造成的文化

不過奴隸佔有制度很快就碰到了宅發展的界限 奴隸制度竟成了人類更進一步發展的路途上的障礙物。

奴隸佔有國家進行了無窮的破壞性的戰爭 這些戰爭供給了新的大批奴隸 不過同時這些戰

爭也摧毀了奴隸佔有制度的基礎本身　宅們使自由的小農破產了　這種小農長年累月地出征作戰　無暇經營事業。宅們破壞了商業　總之　奴隸佔有制度摧毀了自身的基礎。

古希臘和古羅馬的衰落

在古希臘　在雅典，當奴隸佔有制度極昌盛的時期　自由的公民有九萬　而奴隸則有二十六萬五千　沒有完全權利的公民——外人和被釋放的奴隸　有四萬五千　財富漸漸地聚集在少數人手裏　大批自由的公民漸漸地赤貧化了。勞動乃是奴隸的命運　在自由民中間　勞動被認爲是可恥的一回事。加以勞動又很少有成績。在此種條件之下　自由的窮人　漸漸地像石沉海底那樣的沒落了　排斥了自由民勞動的奴隸制度　就把雅典引導到滅亡了

希臘被羅馬征服。奴隸佔有制的羅馬　在古代世界造成了廣袤的帝國　羅馬的軍團征服了差不多那時所知曉的整個世界。不過在羅馬　奴隸佔有制度　勢必走向衰落，正如從前在希臘的一樣

一位羅馬作家把不斷混戰時期古羅馬的狀況描寫如下

「富者握有大部分未分的土地。…　而且他們是用奴隸來耕田種地、牧養牲畜，因爲自由人都徵去入伍了。…　這樣一來，有權有勢的人掌握了一切財富，全國到處都是一羣一羣的奴隸在作工了。由於貧困、苛捐及兵役種種緣故，自由民一天比一天減少了。而在和平時期，自由民也只有賦閑，無工作可言，因爲富者握有一切土地，他們用奴隸代替自由人來耕田了。」

羅馬人使被征服的土地　荒蕪零落。他們把當地居民部分地變爲奴隸。無窮無盡的稅捐　貪婪的官吏之專橫，當時大批軍隊的供養——這些都使經濟破產了。羅馬國家成了一副壓榨屬民膏血的巨大機器

羅馬達到了世界的統治。但是這一統治的終極結果是　『普遍的貧困化　交通之梗塞　工藝之衰落、人口之減少　都市之沒落　農業倒退至最低的階段　』⊖

奴隸佔有制的大生產，已經不產生那可以證明所耗費的勞動是正當的收入了。銷售其生產品的市場已經消滅了。不論在農業中　或是在手工業中　技術差不多沒有變化。小經濟衰落得更厲害

大批破產的和被擠出軌道的自由人　都集中在城市裏　奴隸佔有者的國家　靠從奴隸剝削來

⊖ 恩格斯：家族、私有財產及國家之起源。

的勞動，養活他們。在古羅馬，此種人叫做無產者。上世紀有一個著作家說得很對，他說羅馬無產階級跟現代的無產階級是完全對立的，在資本主義之下，全社會是靠無產階級生活的，而在古羅馬時代，無產者則是靠社會生活的。

奴隸佔有制度過時了，它走到了窮途末路。

『奴隸佔有制在經濟上是沒有可能的了，自由民的勞動在精神上是被輕視的，要打破這種形勢，只有根本的革命了。』㊀

奴隸的起義與奴隸佔有制的滅亡

奴隸佔有社會的歷史，是被奴役的羣衆不斷反抗其奴役者的鬥爭史，這一鬥爭，隨着奴隸佔有經濟的衰落，而特別劇烈起來，奴隸的起義，是與破產的小農之鬥爭和野蠻人的進襲羅馬相互交織在一起的。

在無數次的奴隸起義中，特別有名的是斯巴達克領導的一次（公元前七三——七〇年），斯巴

㊀恩格斯：家族、私有財產及國家之起源

達克的名字 對於凡爲消滅人剝削人的制度而鬥爭的一切人 都是值得紀念的。一九一七年德國革命的工人成立了獨立的組織 便取名『斯巴達克聯盟』 在蘇聯 有許多工廠和集體農場，也取了斯巴達克的名字。

斯巴達克的起義 開始於七十四個角鬥士（斯巴達克亦在內）的逃走 在古羅馬 凡在馬戲院與激怒的野獸角鬥的奴隸 叫做角鬥士 爲了奴隸佔有者觀衆的取樂 角鬥士要甚忠心的悲慘的死 有一次有一個角鬥士逃走了 大批奴隸隨聲加入 斯巴達克集合了約一萬左右的人 擊敗了派來剿滅他們的軍隊 這一勝利引起了大批奴隸湧入起義者的陣營 羅馬的兵士也大批地加入起義者。僅在驚惶失措的奴隸佔有者政府派了十個精銳的軍團前往鎮壓斯巴達克以後 起義者才開始遭受失敗了 在這裏 起義者陣營裏面意見的不一致起了大的作用 斯巴達克的軍隊曾分裂爲兩部分 兩部分都被擊敗了。斯巴達克在作戰時陣亡了。失敗的奴隸 遭受了非人的苦刑

斯巴達克的起義雖然被擊敗了 但是關於他的紀念長久地活在被奴役的羣衆中間 在此後的數世紀期間 奴隸的起義此起彼伏。奴隸佔有者以非人的殘酷性，壓服了這些運動 公元一二兩世紀 奴隸的起義 更加厲害。此種起義根本摧毀了羅馬昔日的威力。

奴隸是狂熱地痛惡他們的壓迫者的 可是他們沒有淸楚明白的目的 他們幻想恢復已經過了

時的舊的家長制度　他們不能够創立堅固的組織　來領導鬥爭。奴隸的起義　震撼了奴隸佔有社會的基礎　可是它們却不能結束一般的剝削。後來處在比較低的發展階段上的野蠻民族（日耳曼）之侵入，才結束了羅馬帝國之存在　同時也結束了以奴隸制度爲基礎的社會

『奴隸的革命消滅了奴隸佔有者，廢止了奴隸佔有制的剝削勞動者的形式。可是代之而起的却是農奴主和農奴的剝削勞動者的形式。一種剝削者被另一種剝削者取而代之。』❶

資本主義時代的奴隸佔有經濟

隨着古代世界的滅亡　作爲社會上統治體系的奴隸佔有制度也消逝了　不過在下一時代　仍往往遇見奴隸制度的殘餘。

大規模的奴隸制度又重新出現於資本主義的初期。自發見美洲大陸後　歐洲人便把奴隸制度輸入到那裏去。被奴役的印第安人　很快地死亡於强迫勞動。他們的起義　被殘酷地壓服了。一個無恥的『英明』的殖民者說了一句老實話　『優良的印第安人　便是死的印第安人。』當時把

❶ 斯大林　在集體農莊突擊隊員第一次大會上的演詞

非洲黑奴開始運入美洲。於是造成了一種專門的販賣黑奴的强盜職業。投機的冒險家　在非洲從事獵取黑人。用暴力和欺騙的方法　把黑人誘上船舶　運至美洲。好多黑人在途中　因不堪壓迫而死掉了　留下活着的　則注定在美洲的種植園和礦廠內從事奴隸的勞動。

黑奴貿易乃是當時歐洲人利益最厚的一門生意　英國在這一點上獲利尤多　利物浦這個大城市　就是專靠黑人貿易而發達起來的。在十七世紀下半期　由英國船舶每年運入美洲的黑奴約在兩萬左右。只是隨着黑奴的屢次起義和其價格的騰漲　黑奴貿易才無利可圖了　於是英國在一八〇六年下令禁止。

在美國　隨着奴隸勞動生產品市場　尤其棉花市場的擴大　對黑奴的剝削　採取了更加兇殘的性質。在棉花種植場裏　過渡的勞動把平均作上七年工作的健康人，就送入墳墓了。黑人常常發生起義。別一方面　北方的工業各州，沒有奴隸制度　頗感受南方各州所盛行的奴隸勞動競爭之痛苦。一八六一——一八六四年的南北戰爭以北方勝利而告終　奴隸制度才宣告廢止。不過黑人直到現在　在美國還依舊是被奴役的民族　遭受着一切可能的民族壓迫的形式

現代資本主義下的奴隸制與奴隸貿易

在資本主義列强的殖民地裏，奴隸制度，在形式上雖然廢止，但是在事實上直到現在還十分盛行着。殖民者用直接强制的方法，迫使土著居民工作。在市場上買賣着奴隸。在報章上，常看到奴隸身價因經濟恐慌而暴跌的消息。奴隸制度廣泛地流行於中國。在日本，破產的小農，把自己的女兒賣給紗廠數年，她們在那裏當作奴隸作工。

四　封建制度（農奴制度）

封建制度的發生

封建制度是發生在奴隸佔有制度的廢墟上　奴隸制度使古代世界走入了窮途末路　只有根本的革命才能使社會打破這種困難的境地。

被奴隸革命連根摧毀了的威震四方的羅馬帝國　到五世紀末葉滅亡了　它的廣袤領土　被日耳曼各部落所侵佔了。

古代日耳曼人　這不但是今日德意志人的祖先　而且是西歐其他各國——英　法　意　西班牙　挪威、瑞典　丹麥等地大部分居民的祖先。

日耳曼人本處在比羅馬人更低的發展階段上　他們還盛行着氏族制度　他們跟羅馬打了幾百

年仗　因此之故　他們的軍事組織有着特殊的意義　軍事長官及其扈從領導着各部落

大規模的奴隸佔有經濟　在羅馬滅亡以前好久　就已經過時了。最後　宅崩潰了。在其地位上則發生了農民的小生產　此等農民　以各種不同的程度　依附於大土地佔有者　其中有些農民　私有着不大的一塊地

奴隸佔有社會的崩潰　是與生產力的衰落相聯系的　城市衰落了　商業停頓了　各國與各地之間的經濟聯系　幾乎完全斷絕了

日耳曼人征服羅馬以後　侵佔了宅的領土約三分之二左右。此項土地　起初是歸各個氏族的公有財產。但隨後日耳曼各軍事首長即改制稱王　國王將人民的財產奪爲己有。他們把土地起初分給自己的侍從終身使用　隨後又改爲世襲的使用。領得土地者則須服兵役。土地依舊是由小農耕種的　不過現在他們對新的主人處於人格的依存地位。這樣賜予的采邑　便叫做封地。在這一基礎上所形成的剝削制度　便叫做封建制度　封建主把農民所耕種的土地的最高權　奪在自己手中。農民耕種這種土地時　向封建主要担負一系列的義務。

『沒有無領主的土地』

在封建制度時代　有一句諺語　說　『沒有無領主的土地』。在羅馬滅亡後數世紀間，所有土地都逐漸落在封建領主手中。獨立的農民　遭受連年混戰和土匪劫掠的痛苦　不得不投歸某一封建主　請其『保護』

封建主是其領地範圍以內的完全的統治者。他們自設法庭和制裁辦法。大封建主自己養有武裝保衛團，襲擊鄰地，劫掠行人。他們隨意封閉其領地以內的行路，或因通過而徵收貢稅。

教主也不落後於人間的封建主。『教會王公』——主教和副主教——都握有廣大的莊園。在我國　在封建時代　正教寺院是特別大的土地佔有者　幾千的農民在寺院的土地上工作　遭受着殘酷的剝削

封建的階梯制

在封建社會裏 土地的最高權力是屬於國王或皇帝 國王或皇帝乃是其國家內的最大的封建主 所以 俄國的沙皇愛稱自己爲『頭等地主』或『頭等貴族』。國王可將土地『賜與』最高顯貴 也可以把它收回

大封建主是不太喜歡這樣幹的 他們進行不斷的鬥爭以反對國王權力 大封建主又把土地分給各貴族。國王則依靠貴族來反對最高顯貴，以鞏固自己的飄搖不定的權力。

凡取得土地的，對其領主首先必須服兵役。像古代俄羅斯所說的 國王或王公一有召令 貴族卽須『有馬、有人、有槍』地到來，卽須騎着馬兒，攜着武器 帶着若干團丁 前來候命

這一封建階梯的基礎則是農民羣衆。農民要服從一切 旣要服從自己的地主 更要服從更大的封建主 以至於國王。國王和貴族 牧師和王公及其一切食客 是全靠農民的勞動來養活的。

地主在其世襲地產內是個完全的統治者。他是自己臣民的上帝和皇帝。俄國大詩人涅克拉索夫借用一個地主惋惜農奴時代的口吻 說了下列意味深長的話

當年你一個在境界以內，
好像太陽高懸在天空，
你的鄉村樸素謙遜，
你的森林繁茂葱綠

你的田野無垠無窮！
你去鄉村逛一下，
農民都一齊伏跪在地上
誰也不敢動一動……
我要赦誰就赦誰
我要殺誰就殺誰
法律卽我的願望，
拳頭乃是我的督政！

現在法西斯蒂竭力使封建制度理想化　他們企圖把封建的中世紀　描寫爲光輝四射的樂園。他們幻想封建關係——支配與隸屬關係的恢復　他們叫人相信　這一關係是特別適合於隸屬者的

此種揑造，完全是一種赤裸裸的說謊　事實上　封建制度　對於勞動者和被剝削羣衆　是表示一種嚴重的壓迫。

農民的農奴化

農民對地主——土地佔有者的人格的依存 乃是封建制度的基礎 這一依存的性質與形式是隨着封建制度的發展而變化的。

封建制度的發展本身帶來了對農民的壓迫和剝削的增長 在封建制度的初期階段上 農民在某種條件之下 還可以由這個地主投奔到別個地主。隨後這一轉移權遭受了很大的限制 到最後甚至完全被廢除了。農民固着於土地 而土地則屬於地主。

俄國有一句古諺說 『他媽的，猶莉節給取消了』❶這句諺語是隨着農民的農奴化而發生的 在一個長久的期間 農民於每年一定的一日——『猶莉節』 可以由這個地主投到別個地主 但是到十六世紀 這個習慣由戈東諾夫皇帝下令取消了。

要是在封建制度之初土地和農民是在兵役條件之下賜與的話，那末經過一個時期，情形就完全變了。土地的分給 漸漸地變成了統治者的奇癖怪行。十八世紀荒淫的俄國女皇，把成千成萬的農民同土地在一起，賜給她的情人。比方 伊莉薩伯女皇光給拉蘇莫夫斯基伯爵一人就贈了十一萬五千名農民和他們的土地 葉卡切林娜二世女皇給奧爾洛夫伯爵贈了四萬五千農民 給蒲托

---

❶ 猶莉節即俄國舊曆十一月廿六日聖徒喬治猶莉紀念日 在這一天 農奴從一個地主可以投奔別的地主 在鮑利斯戈東諾夫時，廢除此權利，故有這句諺語的出現。 ——譯者

姆金公爵贈了兩萬一千 給魯莽柴夫伯爵贈了兩萬 給蘇波夫公爵贈了一萬三千。葉卡切林娜在位三十五年 共計賜贈的農民有八十五萬，這些農民主要地都是在烏克蘭 那時烏克蘭已被俄國征服了 葉卡切林娜的太子巴威爾在位四年 贈給地主的農民達六十萬。

『受過洗禮的財産』

十九世紀一位俄國作家曾經苦痛地這樣的稱呼農奴農民 事實上 農民的的確確是其地主的財産。地主可以買賣他們

『在奴隸制度之下 「法律」允許奴隸佔有者殺死奴隸 在農奴制度之下 「法律」允許農奴主「只可」出賣農奴。』❶

可以說 農奴主廣泛地享有法律給予他們的權利 在當時的報紙上 常常登有出賣農奴的廣告 一七九七年莫斯科公報就登載下面一項廣告

『茲願出賣宮廷匠工，計裁縫二名 鞋匠一名 鐘錶匠一名 廚子一名 車匠一名 輪匠一名 彫刻匠

❶ 斯大林在蘇聯集體農民突擊隊員第一次大會上的演說

一名，鍍金匠一名，馬夫二名，行爲端正。願購者，請駕臨五十一號第四弄第三部地主本人處 看人議價本處並出賣跑馬三匹，壯馬一匹，閹馬一匹，獵狗五十隻。』

總之 地主可以出賣自己的農奴 或者把農奴在賭博時賭輸 或者拿農奴去換馬換狗 在我國在農奴制度存在的最後數十年 農奴像其他財產一樣 還可抵押於銀行 農民照名單抵押，這樣 不但可以把活的農奴抵押 而且可以把已經死掉的 但在紙上算作活的農奴抵押 取得款項。果戈理的小說死魂靈❶就講過這些事情

『農奴的奴隸制』

列寧把農奴的依存關係叫做『農奴的奴隸制』 這是有充分理由的 農民完全依存於其地主 地主的專橫是沒有界限的。

在西歐 封建主對其隸屬的農民享有廣泛的權利 在這些權利當中都是非常侮辱的 例如『初夜權』 凡農民的女兒在出嫁的時候 第一夜應屬於其封建領主 又如『死手權』 凡農民

❶ 此書已有魯迅先生的中文譯本 ——譯者

死後所遺留的財產 封建主則承繼一定的部分 其多寡依環境而轉移 因此可知 甚至死也不能停止封建的依存關係

在俄國 地主對其農奴的酷刑 尤其出色 葉卡切林娜女皇時代 地主薩特威哈夫人 更是兇綦中的兇綦。她在莫斯科 柯斯特羅姆 伏洛戈德等省 都有田產 共有農奴六百多 她把一百三十九個農奴拷打到死的地步。

但是封建制度跟奴隸佔有制度比較是否前進了一步呢 要答覆這個問題 先要看看在封建制度之下生產是怎樣組織的。

封建莊園

封建地主把自己的土地分爲兩部分 一部分是自有的莊園 別一部分則交給農民耕種 農民是被『分與』土地的 所以這種地也叫做『分與地』或份地。農民是固着於土地。

不論領主的莊園也好，或農民的經營也好 都帶着自給自足的性質。在封建主的地產以內生產供養封建主、其家庭和侍從所需要的一切 農奴在其份地上辛苦勞動 勉强温飽。其唯一的

目的是養活自己的家族　所以　在封建制度時代　是自然生產　即不是爲交換的生產統治着　交換的發達，才給了封建制度以解體的影響

在封建制度初期（九世紀初）　最大的地主　首推佛郎克國王查理曼皇帝　以其領土廣袤號稱大帝　他握有非常廣大的莊園　他下給管理人員的訓令，有的保存下來　這些訓令提供了一幅經濟組織的明確圖景

查理曼令其管理人員　須要嚴密監視經濟中所需要的各項用品的製造　如麵粉、蜂蜜　蜂蠟、酒、油、乾酪、麥芽、醋等等。他在訓令中說　『我願每個管理人員　在本人管轄之下　有各種善良的工匠，如鐵匠、鞋匠、旋盤匠、木匠　砲匠、漁夫、獵鳥者　皂匠　酒工　爲了我們需要而製造小麥麵包的麵包匠　以及善於編製獵獸網　撈魚網　打鳥網之人　與夫其他服務人員此項人員列舉出來是很長的』

瞧吧　對軍事的關心並沒有妨礙查理曼做一個精緻的業主。在他的莊園裏　出產着各種各樣的物品　他的莊園是一個閉關的自給自足的整體　一切消費　都是由自己的出產——　封建附庸農民和工匠的勞動來滿足的

不但在封建制度的初期　封建主的莊園是這樣一種閉關的自給自足的整體　就是後來此種經

濟組織也還繼續盛行很久　涅克拉索夫把地主的農奴制時代的幸福描寫如下

自己的吐綬鷄兒肥胖胖
自己的葡萄酒兒味芳酣，
自己的俳優，音樂響徹天。
僕役前呼後擁，好像一個整團！
我有着
五個厨子　兩個麵包師
兩個鐵匠，兩個裝飾員
十七個樂手，
和二十二個狩獵員

賦役與年貢

封建的剝削有兩種基本的形式　賦役與年貢　這是封建地主掠取農民勞動的兩個形式

在賦役制之下　農民在其地主的田產裏須作工若干日。比方　農民在地主的田地裏　每週

工作三天或四天。這時　他在自己的份地裏每週就只有三天或兩天的工作工夫了。如果賦役一加重　則農民的經濟便不可免地趨於衰落。在賦役制之下　特別痛苦的是　農民在農忙的時候須在領主的田裏作工　等收割了地主的田禾　而自身的田禾就完蛋了

農民要用自己的農具　而且往往用自己的耕畜　在地主的田裏去作工　甚至在大規模的莊園裏　在賦役制之下　也不設備農具　比如在剛剛說過的查里曼大帝的莊園裏　共只有兩隻木犂兩柄鐮刀　兩把鶴嘴鋤

在此種條件之下　農業勞動的技術是很低下的　勞動工具　差不多在幾百年間沒有什麼變化

十八世紀末葉　一位俄國的作家——拉吉謝夫　把農奴的生活有個很明確的描寫　他說他有次在星期日遇見了一個農民在火燒般的太陽下揮汗耕地　他便問　『你這樣辛苦　難道每週其餘幾天還不够工作嗎？』那個農民答說　每週他要給領主作六天的工

在這樣殘酷的剝削之下　農奴貧窮的情形是很可怕的。據拉吉謝夫的描寫，農民的草屋，都沒有窗戶　好像一只黑洞　鍋灶沒有烟囱　吃飯的盌裏　很少看見過白菜湯　麵包四分之三是用麩皮製成的。

第二個剝削形式是年貢　農民　僅在自己的田裏工作　但他須把自己經營的各種出品之一定數目交給地主　如糧食　肉類　牛奶　鷄鴨等　年貢往往是爲數很多的　以致農民給自己和家族留下的很少。

涅克拉索夫把農奴主剝削的情景描寫如下

　工作時是你一個，
　但到工作剛剛結束，
　瞧吧、就站着三個分行者
　上帝　沙皇和領主。

— 68 —

當自然經濟統治着的時候　年貢也是徵取自然品的　隨着交換和貨幣關係的發展　地主往往叫用貨幣交納年貢全部或一部分　這時農民常常又落在收集商的鐵爪之下了　他爲了交納年貢不得不以特別低廉的價格出賣自己的生產品。

往往同一地主　叫一部分農民賦役　叫別一部分農民納貢　地主的田　須要多少農奴耕作便命多少農奴從事賦役　其餘的則交納年貢。

封建生產的基本特點

現在我們把封建的生產可以作個總的評述了。這一生產 有下述四個特點

第一 自然經濟的統治 農奴制的莊園是一個閉關自守的整體 其與外界的聯系是很少的 農民經濟也帶着自然的性質。交換的發展已是封建制度崩潰的前兆。

第二 直接生產者——農民 被分與生產資料（土地在內）。而且他是固着於土地 正是農民固着於土地的這種情形 便給地主保證了充足的勞動者 列寧說 『無地 無馬 無產的農民 乃是不適於農奴制剝削的對象。』㊀

第三 農民對於地主的人格的依附 列寧說 『要是地主沒有對於農民人格之直接支配的權力 那末他就不能迫使分與土地而進行自己經營的人來替自己工作了。』㊁ 地主是用直接的『超經濟的强制』方法從農民身上榨取剩餘勞動的 農民對地 的人格依附的形式 是隨着封建制度發展的不同的階段而變化的 不過只要封建制度存在一天 則個人依存

㊀ 列寧 十九世紀末葉俄國的土地問題，列寧全集第十二卷，二三七頁

㊁ 列寧 俄國資本主義底發展一書 列寧全集 第三卷，一四〇頁。

的事實本身　總是不會變更的

第四，『這種經濟體系的條件與結果　便是非常低下的和墨守舊習的技術狀態　因爲經濟的經營　是由貧病交迫　人格依存及智力愚鈍的小農來進行的。』❶

封建的剝削形式

封建（農奴）制度是以人對人的最無隱蔽的剝削爲基礎的　農奴的勞動分爲必要的與剩餘的兩種。必要勞動　就是農民養活自己和其家族所化費的勞動　剩餘勞動　就是農民給封建地主所化費的勞動。在賦役制之下　必要勞動與剩餘勞動　在時間和空間上都是分開的。假定　農民三天在自己的田裏工作　其餘三天在地主的田裏工作　在這裏，剝削是一目了然的　十分明顯的每週有一半的工夫　農民是給『他人』勞動的。就是在納貢制之下，剝削也是毫無隱蔽的　在這一辦法之下　農民須把自己勞動生產品的一定部分　無緣無故地交給地主。

對農奴的剝削　採取了非常殘酷的形式。然而封建制度却是比奴隸佔有制度更高的一個社會

❶ 列寧　俄國資本主義底發展一書　列寧全集　第三卷　一四〇頁

發展階段　農奴跟奴隸不同的　就是他『可以拿一部分時間　在自己的田裏工作　可以說在某種程度上他可以屬於自己本人』❶這就給社會開闢了一條進一步發展的路徑　這條路徑在奴隸佔有制度時代是不能夠有的

中世紀的城市與手工業

在查里曼大帝的莊園裏　有好多各種各樣的農奴匠工，從事製造本莊園所必需的一切手工業品。早期封建制度之下的情勢　也是如此　但是不久手工業大加發展　一個手工業者可以供應不只一個封建主的消費了　這就使手工業從封建的莊園裏分化出來。手工業者開始聚集在城市裏了　這種被釋放的農奴　把自己薪資的若干　以納貢的形式　交給封建主。

古代世界的滅亡　引起了城市的衰落　其中許多曾經被破壞　而從地面上絕跡了　『羅馬帝國』時代有一個人寫道

羅達王　像阿格杜夫王一樣　佔領一城　毀滅一城　下令拆去城牆　把城市本身　叫做鄉村』

❶列寧　論國家一文，列寧全集第二十九卷　二七一頁

到中世紀 城市開始逐漸恢復起來 那時的城市 很少與現代的城市相似 每城居民不多——只有五千至一萬。四周圍以深濠和高牆 以防禦襲擊 最初 城市僅與不大的一個區域相聯系 它爲該區的中心 城內手工業者供應該區的需要。

起初是以做定貨爲主 農民往往拿自己的原料 如皮革 家中所織的布疋 手工業者則用這種原料作成預定的衣服或皮鞋。手工業者起初是以自然品的形式、農產品的形式 取得自己勞動的報酬。手工業者的勞動工具 是非常簡單的 它們是屬於生產者本人 其生產品不是拿到市場上去出賣的。列寧說

『因此自然而然的，手工業的特徵，便是拙笨 零散、狹小，與小規模的家長農業相彷彿。』㈠

然而交換漸次發達起來了．起初手工業者，以試驗的形式 把定貨者偶然留下的製品或於做定貨之餘所製作的東西，拿出去賣。生產品由生產者手中直接落至消費者手中。市場還很狹小；商品主要地是拿到集市上去售賣 但是在這裏 手工業者的生產品已變爲商品了 凡不是爲了自己消費 而是爲了出賣於市場而製造的生產品 都叫商品。列寧說

『以商品形式 製造工業生產品 乃奠立了工業與農業分離及其間相互交換的初步基礎』㈡

㈠見列寧著 俄國資本主義底發展一書 列寧全集第二卷 二五六頁

行會

當工作以做定貨爲主的時候，各手工業者之間的競爭，還是薄弱的。但到了工作開始爲市場而生產的時候，局面就改變了，競爭一天比一天厲害起來，逃亡的農民，源源流入城市。『在整個中世紀，農奴源源不斷地逃入城市。』㊂

小生產者害怕失掉了自己壟斷的地位，他竭力設法不許競爭者染指自己的生產。中世紀的手工業者組織——行會，便是爲了這一目的而設立的。行會熱心地保護自己的特權，未加入行會的任何人，不能從事該業。而加入行會，則有種種的爲難。

在俄國，沒有過行會，不過家庭小手藝者和手工業者反對他人染指本業的鬥爭，還是有的。列寧在其俄國資本主義底發展一書中，在這一關係上，曾舉了好多明確的例子

㊁ 列寧著：俄國資本主義底發展一書，列寧全集第三卷，二五七頁

㊂ 同上。

比如 尼日尼哥洛德省伯斯伏得村有專製金屬器的家庭小手工業 該村居民續密保藏其本業的秘法 不讓鄰村農民知道。他們企圖達到這樣一種立法上的規定 即凡將本行技能傳授鄰村者 就要受懲戒。他們同其他鄉村居民 不通婚娶

加魯卡省的硝羊皮者 在農奴制之下 是遊行到別省去硝製羊皮。地主准許自己的人交納巨額貢物，從事此業 他銳敏地監視 叫硝羊皮者知道自己的地位 不許外來的人染指

交換的發展與農奴制剝削的增長

當自然經濟 即爲了自身需要而生產 而不是爲了交換而生產的經濟佔優勢的時候 封建的剝削遇到了比較窄狹的範圍 在早期封建主義的時代 『封建主的胃就立下了對農民剝削的界限。』（馬克思）封建主奪取農民的各種農業生產品的若干作爲己用。這種封建貢物的絕大部分 爲封建主本人及其軍事扈從所消費了 僅有一小部分 用以換取武器及某種外來的貨品等。

然而交換的發展 却引導到封建地主的貪慾有力地增大起來。現在不但從農民身上榨取貢物 以供地主及其侍從的消費 而且貢物中用以換取其他商品的部分 也一天天增大了 隨着自己

的發展 商品的交換 在加强剝削的意義上 給農奴佔有者開放了很大的可能性 交換的生長毀壞了舊的基礎

地主力謀增加自己的收入 他加强了對其農奴的剝削 海外貿易採取了很大的規模 商人供給地主一切洋貨。貨幣逐漸獲得了很大的意義。

農奴主爲了弄得更多的錢 盡量榨取自己農民的勞動 他們奪回農奴的土地 縮減農奴的分與地 以擴充自己的田地 並强迫那些農民來替自己耕種這些田地 賦役一天比一天苦重了。宅奪佔了農民每週時間的大部分 農民呻吟在少地和無力負担的勞動之下 他們自身的經濟日漸衰落了

資本主義生產的發生

資本主義在中世紀末期發生在封建農奴制度的腹內。最古的資本形式是商業資本和高利貸資本。隨着舊的、自然的經濟之崩潰 商人日益扮演了重要的角色 商業資本給農奴主——地主供給各種奢侈品 圖賺厚利。這樣 地主從其農奴身上榨取來的貢物的一部分，便落在商人——商

業資本代表者的荷包裏了 隨着商業的發展 高利貸盤剝也日益倡盛起來 大封建地主 國王政府 都一天天需要錢了 窮天極地的奢侈浪費 連年不斷的混戰 消耗了巨額款項 這便造成了高利貸資本活動猖獗的地盤 高利貸者 以高利率把錢借給封建領主 因而奪去了那農奴的强迫勞動所供給的貢物的大部分

商業資本和高利貸資本 侵入封建農奴社會的生活之中 不倦地摧毀這一社會的基礎 隨着商業的發展 力謀增加自己收入的地主 極力加緊對農奴的剝削。過度的剝削毀壞了農奴制度的基礎——農民經濟 農民赤貧化了 變成了半餓而無力給自己地主提供最高收入的赤貧者。同時 高利貸資本張開自己的網羅 束縛農奴經濟 從其身上吸取膏血 農奴經濟的解體便準備了資本主義生產的發生。

商業資本 起初僅經營商業 買賣手工業者和農奴所提供的那些生產品以及從遠地輸入來的生產品。不過 隨着商業的發展 這些供給來源也一天天感覺不够了。小規模的手工業生產，只能供給有限的生產品 此項生產品只能够滿足本地市場的需要 當商業開始捲入更遙遠的市場的時候 就發生了大加擴充生產之必要了

但要擴充生產 非有資本不可 在這兒小規模的商品生產是無濟於事的 其可能性被狹

隘的範圍所限制了。於是由小規模的生產轉向資本主義的生產 這種資本主義的生產然後又摧毀資本主義以前的各種剝削形式 而代以最後的一個人剝削人的形式——資本主義的剝削形式。

農奴的鬥爭

封建主義時代 這是一個被剝削的農民極猛烈地反對封建地主的時代 農民的鬥爭 在封建統治的末期採取了特別尖銳的形式 那時對農奴的剝削更其加強了 每個國家的歷史 都有着一系列的農民起義

在英國 於十四世紀末葉 大規模的農民起義包括了該國的大部分。武裝的農民 以泰洛爲首 踏遍全國 毀壞地主的莊園和廟宇 並且佔領了倫敦。起義者的戰鬥口號是『在亞當耕地 夏娃織布的時候 誰是貴族呢』這幾句話表現出了農民對貴族特權的憎惡。後來泰洛被叛徒刺死。羣衆自喪失領袖後 相信了國王和封建主的諾言 而解散了。此後 英國政府就進行『清鄉』 殘酷屠殺農民。

在法國 亦於十四世紀末期 全國一半爲農民起義的浪潮所瀰漫 這次起義是以亞基里（由

農民的綽號——亞克・奔一語而來）的名字寫入歷史的　正在生長的城市資產階級　起初是贊助農民的運動　但在緊要的關頭就背叛了

在德國　於十六世紀　全國也捲入於『農民戰爭』之中・這一戰爭得到了城市下層階級的支持　起義者的首領爲托瑪斯・蒙柴。農民的要求　便是取消可惡的農奴制的剝削

在我國　十七世紀拉辛和十八世紀蒲加巧夫兩人所領導的農民起義　其規模更大了

拉辛運動　產生於頓河流域的窮人——逃亡的農民中間　此等窮人　是爲了逃避農奴制的束縛而逃亡出來當『哥薩克』的。拉辛部衆襲擊沿伏爾加河走的商隊　殺死了商人和沙皇的官吏。各地窮人　都紛紛加入了拉辛的隊伍　一六七〇年，拉辛部衆殺死了沙皇的使臣　並制裁了各地教會牧師　這就作了公開的內戰的信號。農民起義的火焰　包括了很大的區域。拉辛部衆攻陷了阿斯特拉罕　察利津及一系列的其他城市　在佔領了的地方　沙皇和地主的政權，被宣佈消滅了，農奴制被宣佈廢止了　貴族和富商的財產被貧人分了。這一運動的綱領　便是消滅農奴制度和關於平等的不確定的幻想。沙皇政府調遣了大批軍隊　才擊敗了拉辛部衆。富有的哥薩克上層分子的背叛　在拉辛的失敗上曾起了很大的作用　農民的起義被沙皇的奴僕們沉歿在血海中。拉辛的部衆　大批大批地被屠殺了　他們被綁在柱子上肢解了　拉辛本人　則用木籠運往莫斯科・在紅場

肢解了。

在拉辛起義失敗後越一百年 俄國東部又展開了更廣大的農民起義，領導者爲蒲加巧夫 蒲加巧夫是個逃亡的頓河哥薩克 他逃至烏拉爾。在他的周圍團結了烏拉爾的哥薩克貧民 蒲加巧夫喊出了『萬世自由』的口號。在其宣言中主張一切土地 『不需購買，也不納貢物』 全歸農民所有 蒲加巧夫部衆佔領了一系列的城市 並圍攻奥林堡城很久 烏拉爾一帶和伏爾加河流域的貧農 都投効蒲加巧夫。受沙皇制度所壓迫的各族人民 巴什吉爾人、韃靼人 加爾米克人等起義的大衆 都加入了蒲加巧夫的隊伍。整村整村的農民 燒毀貴族的莊園，分掉地主的財產投奔蒲加巧夫。烏拉爾各廠作工的農奴工人 也大批投奔蒲加巧夫。此等工人在起義中扮演了非常重要的角色。蒲加巧夫佔領卡桑以後，打算向莫斯科推進。政府和地主們 恐懼萬狀 莫斯科省的農民 渴望蒲加巧夫到來，準備響應。但是飢荒的消息 曾迫使蒲加巧夫改變計劃 轉而向南方了。一七七五年八月間 政府軍在薩拉托夫附近做到了給蒲加巧夫以打擊 蒲加巧夫被哥薩克隊長獻了出來 在莫斯科波洛特場上被殺死了

沙皇政府以及地主資本家的御用『學者』 都多方企圖詆毀農民起義 把宅們描寫成『强盜』運動，『殺人放火』。當時俄國偉大的詩人普希金寫了一部蒲加巧夫的歷史 沙皇尼古拉一

世把這部作品改名為蒲加巧夫造亂史 並加以嚴密的檢查 但是在可憐的農民羣衆中間 關於拉辛與蒲加巧夫兩次起義的記憶 是永不會消逝的 人們把起義的農民反對貴族和地主政府的鬥爭，編成了歌曲 編成了故事。一九〇五年 辛比爾斯克省省長雅什威公爵關於農民運動向政府的祕密報告中 就特別指出謂 『住在該地（薩麻拉灣）的農民中間，還十分生動地述說拉辛和蒲加巧夫時期風暴般的戰爭』

農奴的起義 震撼了並摧毀了封建制度 農民反對地主的鬥爭 被新興的資產階級所利用 以加速農奴制度的解體 並以資本主義的剝削來代替農奴制的剝削 在資產階級的革命中 在反對封建制度的戰爭中 農民對資產階級供給了基本的隊伍。斯大林在蘇聯集體農民突擊隊員第一次大會上的演說中 說：

> 『奴隸的革命，消滅了奴隸佔有者，廢止了奴隸佔有制的剝削勞動者的形式，不過它却以農奴佔有者和農奴佔有制的剝削勞動者的形式來代替了它們。一種剝削者，被別種剝削者取而代之。在奴隸制度之下，「法律」允許奴隸佔有者打死奴隸。在農奴制度之下，「法律」則允許農奴佔有者「僅只」出賣農奴。
>
> 農奴的革命，消滅了農奴佔有者，廢止了農奴制的剝削形式。但是它却以資本家和地主，以資本主義的和地主的剝削勞動者的形式來代替它們。一種剝削者又被別種剝削者取而代之。在農奴制度之下，「法律」允許出賣農奴。在資本主義制度之下，「法律」允許「僅只」註定勞動者失業和貧困、破產和餓死。

惟有我國的蘇維埃革命 惟有我國的十月革命 才這樣的提出了問題 就是 不是拿一種剝削者換成別種剝削者，不是拿一種剝削形式換成別種剝削形式 而是革除一切的剝削 革除一切剝削者 一切富翁和壓迫者，不論是舊的或新的。」

資本主義之下的農奴制的殘餘

資本主義的剝削代替了農奴制的剝削。資產階級的革命推翻了封建地主的政權 開拓了資本主義發展的田野。然而在資產階級執政的資本主義國度裏 仍遺留下了以前的封建剝削形式之好多殘餘。

資產階級奪得了封建主的政權以後 很快地就感覺到了新興的工人階級方面之威脅 所以他們寧願跟昨日的敵人——封建主訂立妥協 在大多數國度裏 他們整個兒地保存下了地主階級，土地所有權 仍集中在地主階級手中 地主對農民的剝削仍在繼續着 只是採取了一些別的形式罷了

在落後的國度裏 農奴制度的殘餘 尤其厲害 在此等國度裏 資產階級自始就十分怯懦

不敢進行反對封建主的鬥爭　他們跟封建主訂立了同盟　在殖民地和半殖民地國度裏　在資本主義的壓迫上面又加上農奴制的壓迫。

在帝俄時代　『農村中　還有着畸形怪狀和不堪忍受的農奴制殘餘　再補充以地主的專橫氣焰』❶

惟有社會主義的革命　才用鐵的掃箒　從灌注了無數代農民的血汗的土地上　掃除了地主寄生者。無產階級革命從其頭一步起　就連根剷除了封建制度的一切殘餘。

❶斯大林　列寧主義問題　列寧主義基礎　二七頁

五 資本主義

資本主義的特徵

資本主義 是以一個階級剝削別個階級爲基礎的社會經濟機構中最後的和最發展的一種 由於生產資料和勞動力結合的特殊性質 資本主義是和先行於它的社會經濟機構不同的

資本主義時代 資本家以私有財產爲基礎 握有生產資料。直接生產者——工人 沒有生產資料 不得不把自己的勞動力賣給資本家 在勞動過程中 工人不僅要補償自己勞動力的價値 而且還要創造剩餘價値 這些剩餘價値被資本家佔有了。與奴隸佔有和封建的生產方式比較 資本主義是另一種壓迫和剝削勞動的形式。在奴隸佔有和封建的生產方式下 剝削是用直接的强制方法來實現的 在資本主義下 剝削是採用經濟强制的形式 即是以資本家佔有僱傭工人的無償

勞動做基礎的

在商品生產發展的一定階段上 勞動力變成了商品 貨幣也變成了資本。在資本主義時代商品生產採取了普遍的和統治的形式 。 雖然工人（自己唯一的商品——勞動力——的所有者）在法律上是自由的 他在經濟上卻牢固地束縛在資本主義的車輪下。『羅馬的奴隸是用鐵鍊被鎖着 僱傭工人是由看不見的繩索束縛於其所有者。』（馬克思 資本論 第一卷 四五〇頁）但這種所有者不僅是個別的資本家 而且是資本家階級

從單純商品生產變成資本主義生產的時候起 單純商品生產所特有的財產法則，也變成了資本主義的佔有法則—— 資本家佔有別人勞動 的生產品的法則。在資本主義下生產帶着社會性質（生產採取了手工工場和工廠形式的社會化 一個企業對其宅企業的聯繫和依存性、社會分工），而佔有卻依然是私人資本主義的。生產的社會性質和私人資本主義的佔有之間的矛盾 是資本主義的根本矛盾 宅約制着資本主義的一切矛盾（生產和消費之間的矛盾 個別企業的有組織性和市場上自發性支配之間的矛盾 以及其宅） 並表現在資本主義社會的主要階級——資產階級和無產階級——的對抗性之中。

在資本主義社會中，和統治的資本主義的生產關係同時 還繼續存在着以前的各種經濟機構

所特有的生產形式和社會關係。『世界上沒有、也不能有「純粹的」資本主義 總是有的有封建制度的混合物 有的有小市民的混合物 有的還有其宅什麼東西 』（列寧全集 第十八卷 二六三頁）

資本主義是怎樣發生的

資產階級的經濟學家把資本主義看做永久的超歷史的生產形式 以爲這種生產形式是一切時期和一切民族所固有的 他們說到希臘 羅馬 古代東方各國的資本主義。『雖然資本主義生產底最初萌芽 在十四世紀和十五世紀就散見於地中海沿岸的個別城市 但是資本主義紀元的開始 僅屬於十六世紀。宅出現的地方：農奴制度早已被消滅了 中世紀底最鮮艷的花朵——自由的城市已經大大地凋謝了。』（馬克思 資本論，第一卷 五七四頁）

資本主義的發生帶來了中世紀城市中行會手工業的解體、鄉村中小生產者的解體 『資本主義社會的經濟結構是從封建社會的經濟結構中生長出來的 。封建社會的經濟結構之解體，解放了資本主義社會的經濟結構之要素。』（馬克思·資本論 第一卷 五七三頁）十四世紀 英

國 意大利和佛蘭德爾出現了有五至十個手藝工匠的作坊 同時，商人們担任了工業企業家的角色 商業、資本主義工業的發展和農業中貨幣地租的採用（十四世紀） 使鄉村中封建的自然經濟開始解體了。農業中商品生產加大了 和這同時，農民對於商業資本和高利貸資本的從屬性也加大了。在意大利、尼德蘭、佛蘭德爾，從十四世紀末葉起也在英國 都發生了資本主義的羊毛工業 在礦工業和航海業中 更早就有了資本主義生產的萌芽。

原始積累過程

從十五世紀末葉和十六世紀初葉起，猛烈地展開了由歷史發展全部行程所準備好了的所謂原始積累的過程 即是用暴力使直接生產者和生產資料分離 它是『用血和火的語言』（馬克思）記載在人類的編年史中。英國提供了資本主義發生的典型 十四世紀 與羊毛手工場在佛蘭德爾的發展相聯系 羊毛的價格提高了 因此引來了英國用暴力『圈圍』村社的土地。地主奪回這些土地，是爲着發展牧羊業，把農民的耕地變成牧場，致令鄉村中大批生產者都被剝奪了土地 用暴力把他們從村社的土地上驅逐出去 使他們喪失了生產資料 國家政權的集中和小的封建領主

對國王政權（它是依靠資產階級的城市的支持的）的更加服從 引起了解散封建領主的親兵及增大無所事事者的人數。這一切創造了失掉生產資料的無產階級，作爲資本主義生產的必要條件。

十五世紀偉大的地理發現（發現美洲 繞行非洲的海道以及其它） 加快了原始積累的過程。大量的自由勞動力之存在及資本在少數人手中的積累，創造了轉到專門的資本主義生產——手工工場——的條件。手工工場是資本主義協作的更簡單的形式 它的特性是以手工技術爲基礎的作坊內部的分工 手工工場的工人們 不過是生產過程的構成部分 陷落到了對資本完全的依存中。

商品生產的發展與工業革命

商品生產的發展 使市場和生產者疏遠了 生產者和消費者之間 站着收買商人 他起初銷售直接生產者的生產品 後來更開始對生產者供給原料和勞動工具（例如十七世紀的六十年代在法國的阿曼城 有十萬製造洋布的手工業者 都是替八個收買商人做工的） 但『手工工場既不能包括全部社會生產 也不能從根本上革新它。它像一種建築術上的裝飾品 聳立在經濟大廈上面 城市手工業和鄉村副業就是這種經濟大廈之廣大的基礎。它自己的窄狹的技術基礎 在發

展的一定階段上　和它自己所創造的生產的需要發生了矛盾　』（馬克思　資本論　第一卷　二七九頁）

十八世紀的下半期　完成了工業革命，工作機的革命的革新。一七六四年，發明了叫做『得曾里』的紡車　一七六七年發明了紡機　一七八五年　克倫普頓發明了走錘精紡機　一八〇四年卡爾特賴特改善了他所發明的機械織機　瓦特發明的蒸氣機　開始用來發動紡織機　在這些發明以後　引起了冶金技術的變化　機器之應用於生產和資本主義的發展　同時也就是剝削之空前的增大　人之服從機器　工人之變成機器的單純附屬品　對於機器之最初的出現　工人曾報以破壞消滅機器的企圖和暴動。以後　工人明白了機器的意義及它被資本主義應用的性質　他們把對機器的憎恨轉到了資本主義的生產方式上。工人變成機器的單純附屬品　制約了資本主義一項最重要的矛盾——智力勞動和體力勞動的分離　作坊變成了資本主義的工廠。普遍應用的發動機之發明及製造機器的機器生產　使資本主義替自己創造了強有力的技術基礎。在英國以後　法國、美國也走上了資本主義發展的道路　而在十九世紀　德國、俄國　日本及其它國家也都走上了資本主義發展的道路。這些走上了資本主義發展道路的國家　倚賴生產—技術的水準　都趕上了英國的資本主義。但資本主義的發生却『有着各種不同的色調　以各種不同的程序經過了各種不同的

階段和各種不同的歷史時代。』（馬克思 資本論 第一卷，五七四頁）法國的工業革命，比英國更慢得多了。同時 在英國進到了工業革命的時候 幾乎沒有小農經濟了；而在法國，小農經濟却占優勢 小農經濟的存在 促成了高利貸資本之加强的發展及大量貨幣資金之集中在少數人手裏

十九世紀初葉 德國也被吸收到了資本主義發展的軌道上了。十九世紀初葉廢除了農奴制同時却沒有排除封建關係 把小農放在對大地主服從的地位 大地主變成了資本家。列寧把資本主義在農業中的這種發展途徑 叫做普魯士式的途徑。一八四八年的革命，加快了德國資本主義發展的過程 而民族統一的過程及一八七一年德國對法國的勝利及由法國取得賠款，促進了資本主義生產方式的迅速發展。

資本主義在農業中的發展

資本主義的生產方式漸漸地擴張到了農業中，雖然土地上的私有權在這裏是對於資本主義生產發展的阻礙。由於個別國家條件的特殊性 資本主義在農業中的發展形成了兩種途徑 所謂普

魯士式的途徑和亞美利加式的途徑　在普魯士式的發展途徑下　和資本主義生產同時　還保存着小生產者對地主、貴族的從屬性　保存着並鞏固着封建關係及農奴制度的殘餘。亞美利加式的發展途徑　是資本主義在農業中更自由的發展　消滅了封建關係　和小商品生產者同時創造了農場經營者——資本家。

資本主義在農業中的發展　創造了三種農村居民　鄉村資產階級　他們和全體資產階級共同反對無產階級　貧農——有着份地的僱傭的勞動力　他們和無產階級一同前進　中間的農民集團，他們動搖於無產階級和資產階級之間　但在無產階級和剝削者階級鬥爭的行程中　他們却會成爲無產階級的同盟者

城市和鄉村的分離　城市和鄉村之間的對立性　在資本主義時代達到了最高的發展。資本主義造成了生產力之强大的發展　生產巨大的成長的條件，它們在前資本主義的社會中是不可能的　追求利潤、競爭　惹起了技術的發展　勞動生產性的增長　技術　交通手段　城市　無產階級的成長　取得了巨大的規模。『資產階級　創造了比以前一切世代加起來還要更加衆多更加巨大的生產力。』（馬恩全集　第五卷　四八八頁）但『在私有財產的統治下　這些生產力却不過取得一方面的發展　對於大多數人成了破壞的力量　並且許多這類的生產力　在私有財產下完全

不能找到自己的應用』（同書 五一頁）

資本主義的擴大再生產與週期性危機

資本家之間相互競爭的鬥爭 使他們不得不去經常擴大自己的生產 提高它的技術水準 加强勞動生產性 因而加强對工人階級的剝削

這樣看來 採取資本積累形態的擴大再生產 是資本主義的生產法則 資本積累 是用把剩餘價值變爲資本的方法來進行的。也以擴大的規模再生產着資本主義的關係 在積累的行程中提高了資本有機構成。發生了生產和資本的集中與集積的過程、大企業成長和小企業被排除的過程。資本有機構成的提高 造成了相對的人口過剩——失業者之經常的預備軍及其進一步的增加。加大了婦女和兒童勞動的應用 加大了勞動强度 這些事實的結果，都大大提高了勞動力的殘廢性。跟着資本主義的發展 工人的壽命不斷地縮短了 工人過早就衰老了和死亡了。加大了工人階級的絕對和相對貧窮化。失業經常地使工資降低 使工資離開勞動力的價值更遠了。資本積累、生產力的發展 在資本主義時代是在深刻對抗的基礎上來完成的。一端是空前地加大着富

有和奢侈 別端是空前地加大着貧窮和壓迫。在資本主義時代 『一切發展生產的手段都變成了屈服和剝削生產者的手段，使工人畸形化 使他變成一個不完全的人，把他降低到機器附屬品的地位． 消滅了勞動的內容而使它變成了痛苦 隨着科學作爲獨立的力量而與勞動過程結合在一起 使勞動過程的精神力量與工人疏遠起來 它們惡化了工人在其中工作的條件 使工人在勞動過程中服從極瑣細的、可惡的暴君制度 把他的全部生活時間都變成工作時間 把他的妻子兒女都抛在資本的「加格洛」❶車輪下。』（馬克思 資本論 第一卷 五一四頁） 資本主義所特有的無限擴大生產的傾向 與那種因爲無產階級絕對和相對貧窮化的結果而來的有支付能力的需要之相對縮小 發生矛盾。從一八二五年起 資本主義有規則地 大約每經過十年 就要經歷一次相對生產過剩的時期——危機。

階級矛盾的尖銳化

❶「加格洛」是印度威什魯神廟的名稱 在慶祝此神的節日 舉行「加格洛車輪行列」 把許多狂信者抛在這種車輪下碾死 ——編者

資本主義越發展 階級矛盾就會更加尖銳化 勞動和資本的鬥爭 構成了資本主義社會關係的基礎。

資本主義生產方式的歷史趨向 是在於創造新的共產主義生產方式之物質前提 在於準備轉到這種生產方式的客觀的和主觀的條件。它加大了資本的集中和集積及在資本主義的基礎上的生產社會化。和這同時 它加大了不斷加多的工人階級的義憤，這些工人階級 在工廠生產過程中訓練了、團結了、組織了 習慣了集體主義和協作。生產資料的集中和勞動的社會化 達到了這樣的水準 在這種水準下 它們和他們的資本主義的形態不能並存了。『資本主義的私有財產的喪鐘響了 剝奪者「被剝奪着」。』（馬克思 資本論 第一卷 六一三頁）

壟斷資本主義與發展不平衡性

生產的集中 在自己發展的一定階段上 引到了資本主義壟斷之發生及工業資本和銀行資本之結合。壟斷成了資本主義的支配形式 和商品輸出並列，資本輸出獲得了特別的重要性。世界被帝國主義國家和壟斷團體之間瓜分了 加强了對殖民地和半殖民地人民的剝削。

和這同時　加强了資本主義發展的不平衡性。資本主義所固有的發展的不平衡性　在帝國主義時代尖銳化了　它使帝國主義列强之持久的國際聯合成爲不可能　使爭取再分割世界的新戰爭成爲不可避免　帝國主義把一切人種、一切民族都捲入了資本主義的旋渦中。資本輸出和對殖民地的經濟奴役　造成了把整個國家變成利息生活者國家的條件　形成了整羣藉債券利息生活的寄生者階層　壟斷產生了停滯和腐朽的傾向　帝國主義是腐朽的和臨死的資本主義　是資本主義的最高階段。它的特性　是成熟了轉到更高的社會關係——社會主義——去的客觀要素。『財政壓迫的世界體系內部矛盾之增長和軍事衝突之不可避免性　引導到帝國主義世界陣線容易被革命方面所擊破了。而且從個別國家方面突破這種陣線　成爲更加可能的了』（斯大林　列寧主義問題　八二頁）『帝國主義是社會主義革命的前夜。』（列寧全集　第十九卷，一七頁）在帝國主義時代，『資本主義的矛盾達到了極點，當時無產階級革命已成了直接實踐的問題，當時工人階級準備革命的奮時期已經過去了。而長成爲向資本主義直接衝鋒的新時期了』（斯大林　列寧主義問題，三頁）這種衝鋒，開始於偉大的十月無產階級革命　在世界六分之一的部分上建立無產階級專政　無產階級在偉大的領袖列寧和斯大林的領導下所進行的英勇鬥爭　社會主義在蘇聯的完全勝利　『資本主義已經不是唯一的和包括一切的世界經濟體系了　和資本主義經濟體

系並列　還存在着社會主義體系　這種社會主義體系生長着　它在進步着　它和資本主義體系對立着　它以自己存在的事實本身宣示了資本主義的腐朽　撼動了資本主義的基礎。』（斯大林列寧主義問題　三五二頁）資本主義各國的無產階級　直接站在無產階級革命的面前　無產階級革命實現着馬克思－恩格斯－列寧－斯大林的偉大學說　按照蘇聯無產階級革命的實例　使全世界的資本主義進入末路。

六　從資本主義到共產主義的過渡時期

怎樣由資本主義過渡到共產主義

由資本主義到共產主義的過渡時期　是革命地轉變資本主義社會爲共產主義社會的時期　馬克思提供了如下的過渡時期的典型的定義

「資本主義社會和共產主義社會之間，有一個資本主義社會革命地轉變爲共產主義社會的時期。與它適應的有一個政治上的過渡時期，這個過渡時期的國家，除革命的無產階級專政以外，不能是別的。」（馬克思·哥達綱領批判，馬恩選集，第二卷，四五九頁）

社會的革命改造　是『出生着的新社會和崩潰着的舊社會之巨大鬥爭』的時期（馬恩文集，第三卷，七七頁）。由歷史上知道　任何一個剝削者階級都不會自願地退出歷史舞台的　爲着把它革除　總是要求被壓迫階級方面的革命暴力。

由資本主義過渡到共產主義　不是由資本主義『和平地長出』社會主義的方法來實現的（考茨基、希爾費丁　勒湼爾　布哈林及其他社會主義的叛徒們，都斷定由資本主義能够『和平地長出』社會主義）　而是經過無產階級革命　使用無產階級和剝削者殘酷的階級鬥爭的方法　經過肅清剝削者階級及無產階級專政的環境中所展開的社會主義建設來實現的。

馬克思主義的古典作家指出了　新的社會主義制度代替資本主義制度的過程　不是短時期的行爲　而是長時期猛烈的　持久的鬥爭。斯大林說　『無產階級專政　由資本主義過渡到社會主義　不應當看做一個暫短的時期，如像發表一系列「最革命的」法令和指示一樣，而應當看做一個完整的歷史時代　這個時代充滿着內戰和對外的衝突　頑強的組織工作和經濟建設　進攻和退却　勝利和失敗。這個歷史時代　不僅對於創造社會主義完全勝利的經濟的和文化的前提是必要的　而且爲着使無產階級有下面這些可能性也是必要的　第一　教育和鍛鍊自己成爲有能力管理國家的力量　第二　以保障組織社會主義建設的方向來再教育和改造小資產階級的階層。』（列寧主義問題，二六——二七頁）　馬克思對工人說過　『你們應當經歷十五年、二十年、五十年的內戰及國際戰鬥　不僅是爲着改變現存的關係　而且也是爲着改變你們自己並成爲對於政治統治有能力的。』（馬恩全集　第八卷　五〇六頁）

共產主義發展的兩個階段

馬克思主義的古典作家　把共產主義的發展分爲兩個階段——低級階段和高級階段。在共產主義的第一階段、低級階段上（習慣上把它叫做社會主義）　無產階級專政是要把一切生產資料社會化　肅淸階級　創造新的社會主義的紀律　及在勞動的高度生產性下創造社會主義的勞動組織　在社會主義時代　勞動是每個公民的義務和榮譽。在這裏　是下述的原則支配着　『誰不做工　誰就沒有飯吃』　『各盡所能　各取所值』　要求社會和社會主義國家方面最嚴格地監督勞動和消費的標準　共產主義的第一階段　除勞動的平等權利外　還不能給與完全的平等。用馬克思的話來說　這個階段還佈滿了舊社會的『遺跡』　在經濟中和人們的意識中都還存在着舊的殘餘　它自身還帶有資本主義社會的痕跡　因爲它是由資本主義社會的內部孵化出來的。

社會主義時代生產力的巨大發展　準備了漸漸地轉到共產主義社會的第二階段、高級階段去的條件。在共產主義的高級階段中　消滅了城市和鄉村之間的對立性　體力勞動和智力勞動之間的對立性　勞動由生產的手段變成了生活的第一需要　社會實現着這樣的原則　『各盡所能　各

取所需』

列寧發展了馬克思 恩格斯的過渡時期理論

馬克思和恩格斯研究了帝國主義以前的資本主義 並天才地預言了把資本主義社會轉變爲共產主義社會的條件，他們這樣假定了 無產階級革命 要在世界各國或就最低限度說來也要在資本主義的主要各國（英國 德國 法國 美國）同時進行 並同時開始由資本主義到共產主義的過渡時期

列寧是馬克思 恩格斯的忠實的和澈底的學生 他創造地發展了馬克思主義的學說 把它應用於資本主義發展的新時代——帝國主義時代。他在自己不朽的著作帝國主義是資本主義底最高階段中指出了 不可避免的帝國主義戰爭 爭取再分割世界的武裝鬥爭 一定要削弱帝國主義國家，並造成在帝國主義陣線最弱的一環突破這種陣線的可能性 他證明了 由於帝國主義時代資本主義經濟和政治發展的不平衡性 『社會主義最初在幾國 或甚至在單獨一國內的勝利是可能的 社會主義在一切國度內的同時勝利 由於資本主義在這些國家內發展的不平衡性 是不可能

的　社會主義最初在一國或幾國勝利了　而其餘的國家在某些期間却依然是資產階級的國家』（聯共（布）黨史簡明教程　一六二頁）

列寧的無產階級革命的理論　社會主義在一國勝利的可能性的理論　把馬克思主義提高到一個新的、更高的階段上　因爲它用適合於新的歷史情況的新的原理，代替了不適合於那變更了歷史條件的馬克思主義的個別原理　『這是一種新的完善的社會主義革命的理論　一種關於社會主義在個別國家內勝利可能性　關於它的勝利條件　關於它的勝利前途的理論。』（同書　一六三頁）

黨和政權是保證轉變的必要條件

共產黨所領導的無產階級專政　是轉變資本主義社會爲共產主義社會的必要條件和決定的前提　無產階級專政是無產階級革命的工具　其最重要的任務　首先是要摧毀、破壞　粉碎資產階級的國家機關（軍隊　警察　法院等等）　用武力擊毀　鎭壓資產階級　地主　富農　帝國主義代理人等等的反革命的出動　叛亂　怠工

無產階級利用政權 第一是『爲着鎮壓剝削者 爲着保衛國家、爲着鞏固和其它國家無產階級的聯繫，爲着在一切國家發展革命並使它勝利』．第二是『爲着使勞動者及被剝削者大衆澈底和資產階級破裂 爲着鞏固無產階級和這些羣衆的同盟 爲着吸引這些羣衆加入社會主義建設的事業中 爲着無產階級方面對這些羣衆實行國家的領導』；第三是『爲着組織社會主義 爲着消滅階級 爲着轉到無階級的社會、無國家的社會去』（斯大林 列寧主義問題，一一二——一一三頁）

布爾什維主義的許多敵人——托洛茨基派、布哈林派及其他 他們都變成了法西斯主義保安局的代理人——爲了反對斯大林所發展和鍛鍊的列寧的關於無產階級革命及社會主義在一國內可以勝利的學說 進行了鬥爭 他們擁護托洛茨基的口號——歐羅巴聯邦 它否定了由資本主義到共產主義的過渡時期和無產階級專政的必要性和不可避免性。布哈林企圖誹謗 破壞無產階級專政及列寧關於過渡時期的學說 提出了敵意的『均衡論』與由富農『和平地長出』社會主義的理論 這一理論在革命以前努力束縛勞動者 在革命的時候對無產階級國家進行『原則上』的敵視，目的是要使資本主義復辟。

無產階級專政——新型的國家 是無產階級和農民在保存無產階級的領導地位下的特種形式

的階級同盟　蘇維埃是無產階級專政的國家形式。無產階級專政是民主政治的最高類型　它是無產階級民主政治的形式　這種民主形式表現着大多數人民的利益。無產階級專政是由人民自己來實行的。從奪取政權的時候起　就在無產階級專政全部制度（政黨、蘇維埃　職工會　合作社青年同盟等等）的幫助下，以新的形式進行鬥爭。無產階級專政體制中的領導地位　屬於勞動者的先鋒隊——共產黨　它是無產階級專政的指導力量　它把勞動者團結在革命鬥爭的主要任務及社會主義建設的周圍　並領導這種鬥爭和建設。

過渡時期是新舊經濟鬥爭時期

列寧指出了：過渡到社會主義，是新的和舊的經濟制度之間鬥爭的一個整個歷史地帶。『理論上不容懷疑　資本主義和共產主義之間　有着一個一定的過渡時期。這一過渡時期不能不結合這兩種社會經濟結構的特色或特性。這種過渡時期，不能不是臨死的資本主義和出生的共產主義之間的一個鬥爭時期；——或換句話說　是被戰敗的　但還不是消滅了的資本主義與出生的、但仍是很虛弱的共產主義之間的一個鬥爭時期』（列寧全集　第二十四卷　五〇七頁）被戰敗

的 但還不是消滅了的資本主義與出生的 但還是虛弱的共產主義之間的鬥爭，不能一下就解決的 不僅要把生產資料的大規模的私有制，而且也要把小規模的私有制（主要是說農民的私有制）轉變爲社會主義財產的過程 是無產階級專政的一項最根本的、長期的和複雜的任務。

這樣看來，無產階級專政不僅是政治上的强大的力量，而且也是經濟上的强大的力量 這種經濟力量是以無產階級國家掌握國民經濟的統制權——如大工業、土地、銀行 運輸等等——爲基礎 在經濟上絞殺資本主義，創造社會主義的經濟。在這種鬥爭的過程中 工人階級在過渡時期是作爲統治階級。它領導全國 規定自己的經濟政策，實現國民經濟計劃 把這種計劃作爲社會主義建設的極有力的工具來利用，選拔並養成自己的專家的幹部、自己的知識分子 以及其它。工人階級以自己的政治統治權做基礎 在文化上來改造並再教育自己 而且通過國家政治的、經濟的和文化的政策，來以社會主義的精神改造並再教育一般勞動羣衆——首先是農民。這樣把工人階級 農民、知識分子 改造成爲社會主義社會自覺的工作者。

轉變不是聽其自動自然進行的

資本主義社會革命地轉變爲共產主義社會　不是自動地進行的　不是自然地進行的。而是以共產黨爲領導的無產階級和勞動者——農民　反對資產階級及其他剝削者的頑强鬥爭來進行的。依照社會主義建設成功的程度　階級鬥爭並『沒有消滅』（布哈林派——社會主義可惡的敵人，企圖斷定這時消滅了階級鬥爭），而是採取了別種更加尖銳的形式。被擊碎了的敵人　表現了頑强的反抗，求助於反對蘇維埃政權的極殘酷的鬥爭。『無產階級專政是階級鬥爭之最尖銳的形式』（斯大林　列寧主義問題　二五二頁）『無產階級專政　是反對舊社會勢力和傳統的流血的和不流血的、暴力的與和平的　軍事的和經濟的　教育的和行政的持久鬥爭』（列寧全集　第二十五卷　一九一頁）

蘇聯過渡時期的幾個階段

馬克思—恩格斯—列寧—斯大林的這種關於作爲無產階級革命工具的無產階級專政作用之嚴密科學的原則，被世界上第一個無產階級專政的國家——蘇聯的經驗完全證實了。在蘇聯　正在建設着共產主義社會。

由資本主義到共產主義的過渡時期　在蘇聯有許多階段　其中每個階段的特性　都要用蘇聯國內和國外情勢的一定的特殊性來說明的。

從一九一七年年底至一九一八年年中的時期　照列寧的說法　是『赤衞隊進攻資本』的時期　它包括着在布爾什維克領導下所實行的武裝起義和奪取政權　破壞資產階級的國家政權機關，成立蘇維埃國家、樹立和平，掌握國民經濟的最高統治權——土地、銀行、鐵路　大工業、對外貿易，創立紅軍及他們反對澈底武裝了的德國强盜干涉者的英勇鬥爭，在鄉村中創立貧農委員會及鎮壓富農。在這個時期　列寧就已經編製了計劃　着手社會主義建設。

但社會主義建設的展開，被開始了的帝國主義武裝干涉及國內的內戰所破壞了。

一九一八年至一九二〇年這個時期的經濟　是服從主要的任務——保障戰勝干涉者和國內的反革命派　全國經濟的、文化的、政治的生活　都以軍事色調改組了。蘇維埃政府實行了軍事共產主義——國防的特別困難的條件所引起的方略的體系。曾經實行了這些方略．蘇維埃政權不僅

把大工業國有化了，而且也把小工業國有化了　建立了農產品的徵發制度　禁止穀物的私人貿易　實行了普遍的勞動義務

一九二一年至一九二五年，蘇聯進入了復興國民經濟的第三時期。新經濟政策是無產階級專政的經濟政策之一項最重要的槓杆。從實行新經濟政策的時候起　蘇聯經濟的一切部門開始了迅速的恢復　列寧規定了　這個時期蘇維埃經濟的特色　是在於存在着多種結構，在於存在着各種類型的生產關係。這樣的社會經濟結構有五種．（一）家長制的經濟　大部分是自然經濟　（二）小商品生產——大多數農民經濟　宅們從事着出賣農業生產品　以及手工業者　這種結構那時包括着大多數居民　（三）私人經營的資本主義　宅在新經濟政策的開初是很興盛的　（四）國家資本主義，主要是租讓制；（五）社會主義——社會主義的工業（宅在那時還很弱）、蘇維埃農場和集體農場（宅們在國民經濟中占着小得很的地位）、國營貿易和合作社。無產階級的任務是要肅淸這種多種結構性　在社會主義和資本主義競賽的行程中保障社會主義的勝利，保障無產階級在一九一七年所獲得的對資本主義的政治勝利，經濟上戰勝資本主義　經濟上絞殺資本主義。

從一九二六年起　開始了蘇聯過渡時期的新階段——聯共爭取全國社會主義工業化的鬥爭的時期。聯共在斯大林的領導下，粉碎了托洛茨基主義關於社會主義似乎在一國內沒有勝利可能的

反革命的理論　撲滅了右派資本主義復辟者的反革命的計劃　着手了全國工業化　並組織了就自己的速度說來是歷史上空前的社會主義的工業建設　全部國民經濟的技術改造。

第一　二　三屆五年計劃

一九二九年至一九三二年的各年間　是蘇聯過渡時期的特殊階段——第一屆五年計劃和爭取農業集體化的諸年間　全線展開了社會主義進攻及創造社會主義基礎的諸年間。在這些年間　零小的農民經濟絕大部分都加入集體農場了　集體農場由社會主義工業取得了巨大的技術。富農的財產被沒收了，轉交給了集體農場。以農民經濟的全面集體化爲基礎　把富農當作階級肅清了。蘇聯由零散的小商品的農民經濟及屯的粗陋的技術和低微收穫的國家，變成了大規模社會主義農業的國家。『這是一個極深刻的革命大變革、是由社會底舊的質的狀態進到新的質的狀態的飛躍　就自己的後果說來　是和一九一七年十月的革命大變革有同等意義的。』（聯共（布）黨史簡明教程，二九一頁）

第二屆五年計劃（一九三三年至一九三七年）　提出了這樣的歷史任務　徹底肅淸國內資本

主義的成份　在最新的技術基礎上完成國民經濟一切部門的改造　使新的技術和新的企業熟練化　在這些年間　也特別注意了訓練幹部　提高教育　科學　文化事業的問題

在第八屆蘇維埃非常大會上（一九三六年十一月）斯大林檢證了社會主義制度在蘇聯國民經濟的一切領域內完全勝利的事實　以及社會主義——共產主義的第一階段——的根本實現。勞動者的這種極偉大的有歷史意義的勝利——社會主義在蘇聯的勝利　是由於以斯大林爲首的共產黨之勇敢的　革命的、賢明的政策而達到的。社會主義的勝利，記載在新的斯大林憲法——社會主義的憲法中。這些勝利保障了蘇聯公民的勞動權、休息權、教育權、衰老以及疾病和喪失勞動能力時的物質保障權。社會主義的勝利　提供了在蘇聯實行完全民主的選擧制度的可能性　實行秘密投票下的普遍、平等、直接選擧權的可能性。

蘇聯完成了社會主義的建設　就開始漸漸地過渡到新的階段——共產主義社會。斯大林憲法保證了這種有全世界歷史意義的事實　蘇聯進入了發展的新時期　進入了社會主義社會建設完成及漸漸地過渡到共產主義社會去的時期。在共產主義社會裏　共產主義的原則『各盡所能、各取所需』　應當是社會生活的指導原理。

在這種有全世界歷史意義的任務的標誌下　編製了發展蘇聯國民經濟的第三屆五年計劃　莫

洛托夫在聯共（布）第十八次大會上提出了這種計劃，並經聯共（布）中央委員會政治局大體認可了。偉大工作的第三屆五年計劃　樹立了這樣的任務　在技術——經濟關係中趕上並超過先進的資本主義國家，擴大勞動者的消費到一倍半以上　在城市中實行普遍的中等教育　在鄉村中實行七年的義務教育，在歷史事業中實行擴大範圍的方略，把工人階級的文化——技術水準提高到工程——技術勞動的工作人員的水準　爲着共產主義完全勝利　而保障勞動者的文化水準及共產主義意識普遍的提高。第三屆五年計劃所提出的極偉大的任務　是在共產主義和資本主義有歷史重要性的競賽中共產主義完全勝利的力量的最好的證據

怎樣由第一階段過渡到第二階段

由共產主義的第一階段——社會主義，過渡到第二階段——完全的共產主義　是要按照勞動生產性的繼續增大、城市和鄉村對立性的消滅、體力勞動和智力勞動對立性的消滅、蘇聯勞動者物質和文化生活水準的提高的程度，來漸漸地進行的。這種轉變，要在自己特有的社會主義的基礎上使用消滅資本主義的『遺跡』和殘餘的方法來完成的，共產主義制度在第一階段上還沒有脫

除這些資本主義的殘餘

如果蘇聯國內有着達到共產主義社會的一切可能的和必要的東西　那末共產主義在蘇聯的澈底勝利是和資本主義的包圍的崩潰相聯繫的。只要蘇聯依然處在現存的資本主義各國的包圍之中　共產主義的勝利還不能認爲是澈底的勝利　共產主義澈底的勝利，就完全保證免除資產階級各種關係復辟的可能性的意義說來　只有採取國際的規模才是可能的。完全保障蘇聯免除軍事干涉及資本主義復辟的危險的問題　『只有經過聯合國際無產階級重大的努力和我們蘇維埃全體人民更加重大的努力　才有解決的可能　』(斯大林)

粉碎孟什維克、社會革命黨　民族主義者、托洛茨基派　布哈林派　一切反對無產階級專政及爭取資本主義在蘇聯復辟的勢力　是社會主義勝利的最重要的條件。托洛茨基派和布哈林派提出了關於社會主義國家死滅的反革命的『理論』，目的是要削弱無產階級專政　並實行資本主義的復辟。托洛茨基派　布哈林派、資產階級的民族主義者　是社會主義最可惡的敵人　他們變成了殺人犯　間諜　刺客　法西斯主義偵探部的代理人匪團　蘇維埃政權　如同制裁人民公敵和祖國叛徒一樣　毫不留情地制裁了他們。

社會主義在蘇聯的勝利　這就是說　資本主義到共產主義的第一階段——社會主義的過渡

期　根本完成了。但這種勝利　無論如何都不是說廢止了和死滅了社會主義的國家——工人階級手中最銳利的武器・反而應當用一切方法來鞏固社會主義的國家，以便保衛社會主義國家免除外敵的危害，以及反對敵視社會主義的個別團體和人們，特別是反對資本主義包圍的代理者們。因此在共產主義的第二階段　蘇聯也應當保留無產階級國家　紅軍　內政人民委員會以及無產階級專政的其他機關

蘇聯建設成功與其他世界

在社會主義在世界六分之一的部分上勝利了的時代　社會主義國家的主要機能　是要保衛社會主義—共產主義，解除資本主義的包圍，組織戰勝資本主義的包圍　組織世界各國共產主義的勝利。這將構成一個以歷史上第一個社會主義國家蘇聯爲首的社會主義對資本主義鬥爭的整個歷史時代。列寧早在一九一五年就寫過　社會主義國家勝利了的無產階級　『剝奪資本家及替自己組織社會主義生產的時候』　要起來『反對其餘的資本主義世界　把其它國家的被壓迫階級吸收到自己方面來。』（列寧全集　第十八卷　二三二——二三三頁）在這種鬥爭中　將有不少的階

段——反對帝國主義列强的民族和殖民地戰爭 無產階級和農民反對統治階級的武裝起義 民主國家反對法西斯主義的戰爭、以及其它。

蘇聯的經濟實力和軍事實力的興盛 增大 它的斯大林憲法，蘇聯各民族的友愛 都表明了社會主義在資本主義面前有着巨大的優越性。由這裏產生了剝削者階級方面、尤其要說到德國和日本法西斯主義方面對蘇聯的寒心、慊惡、野獸般的敵意 資產階級及它的法西斯主義的主幹人物，在和蘇聯的鬥爭中，每天都喪失了一切新的陣地 把戰爭看做唯一的出路。蘇聯盡全力預防軍事危險，但資本主義世界已經捲入了第二次帝國主義戰爭 西班牙和中國的事變表明了 蘇聯成了全世界民衆一切民主和進步運動的吸引力 工人組織中間、勞動者中間 知識分子的優秀代表之間向着統一行動的突進 向着統一的人民戰線的突進，不可制止地加大了。世界加緊地在共產主義和資本主義之間分裂了 『衝鋒的思想在羣衆的意識中成熟了』（斯大林）。

蘇聯過渡時期的經驗，將被其它國家的共產黨和人民革命運動所利用，而且已經利用了 在列寧—斯大林黨領導下的蘇聯人民，在保衞社會主義祖國的事業中 有力量執行自己的任務 在爭取資本主義社會轉變爲共產主義社會的鬥爭的事業中 有力量執行自己對於世界無產階級及全世界勞動者的義務。

七 共產主義

共產主義及其特徵

共產主義，是將來的社會制度，宅是以大規模科學地組織的社會生產、生產資料的社會所有、有組織的分配爲基礎的。在生產力高度水準的基礎上 因爲無產階級的階級鬥爭、無產階級革命、無產階級專政的創造性的努力的結果 而會達到共產主義的勝利。因爲消滅了生產資料的私有制，共產主義時代就沒有階級和國家了 高度技術和勞動的科學組織 是高度勞動生產性的基礎。在共產主義時代 勞動本身，爲自己 爲不知道剝削的社會的勞動，在一切都很豐富的條件下 成了人的第一種需要，成了一種享樂 共產主義社會成員的文化技術水準 高到了這樣的程度 有可能完全克服體力勞動和智力勞動之間的對立性。解除了一切剝削結果的社會 取得了

這種可能性　指導那些在資本主義時代因階級鬥爭而消耗了的　因爭取生存的鬥爭而弄得疲憊不堪的力量，支配自然的力量，目的是利用它們來謀一般的福利。因此共產主義社會將握有巨大的生產可能性及消費資料的存儲量。這對社會提供了充分滿足自己成員各種需要的可能性。『和個性的各方面發展並列　也增長了生產力　集體財富的一切泉源也成了極充分的　只有這時才能完全克服資產階級法律的窄狹的眼界　社會才能在自己的旗幟上寫着　各盡所能　各取所需　』（馬克思　見馬恩全集，第十五卷　二七五頁）斯大林在和美國工人代表團第一次談話中　這樣敍述了共產主義社會制度的基本特色　『　這將是這樣的一個社會　（一）在那裏將沒有生產資料和工具的私人所有制，而將是社會的、集體的所有制　（二）在那裏將沒有階級和國家政權　而將是工業和農業的勞動者　他們在經濟上是管理者　如勞動者的自由協會　（三）在那裏　國民經濟是按計劃組織的　無論在工業領域中或在農業領域中　都將以最高的技術做基礎　（四）在那裏將沒有城市和鄉村之間的對立，工業和農業之間的對立　（五）在那裏　生產品將是按照法國老共產主義者的原則——「各盡所能　各取所需」來分配的　（六）在那裏　科學和藝術將享有達到充分繁榮的十分順利的條件　（七）在那裏，個性解除了對於小片麵包的憂慮及對「暴力世界」阿諛的必要　而成了眞正自由的。』（斯大林　列寧主義問題　一九三頁）

共產主義的兩個階段

在共產主義社會發展的行程中，馬克思分成了兩個階段（一）共產主義的第一階段或低級階段（社會主義）這是這樣的一個社會：它『剛剛由資本主義社會中走出來，因此它在一切關係中 在經濟的 倫理的和精神的關係中 依然保留有舊社會的遺跡 它是由這種舊社會的內部孵化出來的。』（馬克思 見馬恩全集 第十五卷 二七四頁）『生產資料屬於全社會』（列寧全集 第二十一卷 四三三頁） 但還繼續保留有資產階級法律 貨幣 工資的某些形態 『……每個個別的生產者 由社會取回的東西 除去一切扣除的部分外 恰如他對社會所提供的數量』（馬克思 同書）這些扣除的部分 是用來擴大生產 用來滿足社會的需要以及其它。這 如同馬克思說過的，還是資產階級的法律，因爲對每個人都按他的勞動給報酬，這也就預定了不平等，因爲社會主義社會的人們的能力還不是一律的 天賦還不是一律的 也不是一律地工作的。在共產主義的低級階段上 還保留着國家，作爲核算勞動、和階級社會的殘餘作鬥爭、防禦資本主義勢力和殘餘的機關。（二）僅在共產主義的高級階段 才能實行共產主義的原則 『各盡所

能 各取所需』。巨大的勞動生產性 把必要的勞動時間引到了最小限度，強制勞動讓位給創造性的勞動了，這種勞動提供了個人的滿足。在這個階段上，共產主義社會才能在『自己特有的基礎上』（馬克思）自由地發展着 而不是在由資本主義繼承來的那種窄狹的物質基礎上發展着才能解決共產主義的偉大的文化任務。這一切 把共產主義造成了最前進的 最文明的 對於人類最有利益的經濟和社會制度。

與原始共產主義的區別

這些特色 使將來的共產主義制度既和以前存在過的所謂共產公社的形式（原始共產主義制度及各時期發生的共產公社）有所不同 也和各種改良主義者和思想家的想像所描述的將來的『理想國』有所區別。原始共產主義，表現在勞動和宅的生產品的享有的公共性中，但這種共產主義是建立在極低的經濟基礎上，建立在原始的技術和低下的勞動生產性上。這使佔有剩餘生產品成爲不可能。所以原始共產主義是貧窮的和野蠻的共產主義。

原始共產主義的各種殘餘及公社生活的殘餘（意大利的馬爾卡（部落） 土地公社 強盜

『公社』及其他）和將來的共產主義制度也毫無共同之點　因爲這些經濟形式沒有排除階級的統治　使經濟和社會的發展成了極端落後的和遲滯的。因此甚至古代共產主義的烏托邦　描寫將來的共產主義　國家的理想　也把它當作階級的國家　這種國家是被最高的聖賢和武士階級統治着　並應用奴隸的勞動。

古代基督教的共產主義、中世紀共產主義、異端派的共產主義　都描述了將來的社會制度，並以這種形式的制度來實現共產主義　它是以消費的共產主義爲基礎，而絕不是以生產的共產主義爲基礎。小生產幾乎是那時獨占的農場形式　不僅農民的經營是這樣的，而且地主的經營也是這樣的；地主的經營，也是由農民應用那種和小經營一樣的方式進行的。和鞏固的小經營結合着的財產的公平分配　共同消費　成了被壓迫階級的理想。

與空想共產主義的區別

在資本主義和大經營發展時期就形成了的烏托邦的（空想的）共產主義　高高地估計了大生產的利益。在托馬斯·莫爾的『烏托邦』中　尤其在十九世紀前半期偉大的空想主義者的學說中

我們碰着了生產資料社會化的思想 對有組織的經濟的高度作用之承認。在空想主義者的學說的影響下所組織的共產公社中 應用了公共的勞動組織 但空想主義者以為 為着建設共產主義社會 只要叫人確信資本主義制度不公平及設想了眞正公平的和完善的制度就足够了（甚至用不着廣大羣衆的手）。馬克思主義者證明了，『這種轉變 不是因爲理解階級的存在和公正、平等及其它的思想之間的矛盾 不是因爲消滅階級的單純的願望 就成了可能的 而只有在它們一定的新經濟條件存在的時候才成了可能的』（恩格斯 反杜林 二〇二頁）馬克思指示了 資本主義的發展會引到資本主義的關係幾乎擁括全體人類社會，從別方面說來 它也引來了資本主義矛盾空前的尖銳化 會引到資本主義不可避免的滅亡。資本主義的這種滅亡 不會『自動』到來，它要藉無產階級 不倦地增長着和組織着鬥爭的無產階級政黨——共產黨——的階級鬥爭準備起來和加快起來 社會主義革命 無產階級奪取政權 無產階級專政及建設社會主義和共產主義的創造性的努力 是資本主義發展及無產階級鬥爭的不可避免的結果。共產主義 照馬克思主義的理解說來 不僅是社會結構的理想，而且是關於社會發展的學說 這種學說，鼓勵無產階級和勞動者大衆進行推翻剝削者階級的統治 爭取無產階級專政的勝利、建設社會主義的偉大鬥爭。無產階級有組織的階級鬥爭 鑄入了共產主義的羣衆運動中，這種運動從第一步就帶着國際的性質。

是革命運動而不是改良運動

中世紀大規模的農民運動就受了共產主義異端派所宣傳的共產主義思想的影響　在十八世紀末葉法國資產階級革命的時期　社會下層的大規模的運動　提出了社會平等的思想。共產主義的學說，在十九世紀和二十世紀的工人運動中找到了完全的形成　德國先進工人在國外的組織　於一八四七年取了『共產主義者同盟』的名稱　並提出了這樣的口號：『一切國家的無產階級團結起來！』一八四七年至一八四八年，馬克思和恩格斯接受共產主義者同盟的委託而起草的共產黨宣言　異常清楚並明白地敘述了共產主義學說的基本原則及共產主義的綱領，它很快就成了國際革命的無產階級的鬥爭綱領。第一國際（一八六四年至一八七二年）『奠下了無產階級爭取社會主義的國際鬥爭的基礎』（列寧全集　第二十四卷　二四七頁），把馬克思主義作成了無產階級的綱領　一八七〇年至一八八〇年　各國都產生了工人的政黨，這些工人的政黨擁有極廣大的工人羣衆　大部分都接受了馬克思主義的綱領。第二國際是這些政黨的薄弱的聯合，但它依然『是準備在許多國家中廣大展開運動的地基的時代』（列寧全集，第二十四卷，二四七頁）。第二國際

的理論家們 歪曲了馬克思的學說 並儘一切努力來使無產階級的共產主義運動變成改良主義運動 只有從俄國無產階級反對專制政體和資本主義的鬥爭的革命情況中成長出來的布爾什維主義 它從最初就作爲主張世界無產階級革命的學說的黨派存在着 因爲列寧和斯大林不朽的勞績 才復活了革命的馬克思主義 以分析資本主義發展的新階段——帝國主義——爲基礎而發展了馬克思主義 把這種學說造成了國際全體無產階級的鬥爭綱領。『第三共產主義國際 繼續第一國際的事業，接受第二國際工作的成果，斷然淸除第二國際的機會主義 牠的社會愛國主義 它的資產階級的對社會主義的歪曲 着手實現無產階級專政。』（共產國際綱領，七頁）

十月革命與共產主義建設

一九一七年十月俄國無產階級專政的勝利，提供了在蘇聯展開社會主義建設的可能性。蘇聯的工人階級和勞動的農民同盟，粉碎了被推翻的階級和世界帝國主義的反革命的勢力，發展了全部國民經濟強有力的社會主義的改造。布爾什維克黨 毅然實行了無產階級專政的政策 並施行了列寧的創造大規模社會主義工業和先進的社會主義農業的方針 它在斯大林的領導下 達到了

全國工業化　把蘇聯由落後的農業國家變成了先進的工業國家，創造了强大的蘇維埃農場　結束了小農場的零散性，把它們變成了大規模的社會化的農場。在第一屆五年計劃的諸年間，奠定了社會主義經濟的鞏固基礎。社會主義建設的一切年間，是爭取肅清剝削者階級、爭取建設無階級社會主義社會的不斷鬥爭的年代。工人階級在戰勝了資產階級和地主以後　又粉碎了並肅清了人口最多的剝削者階級——富農階級。社會主義，列寧扼要地用『階級消滅』來說明了它的特性已經得到了極偉大的歷史意義的勝利。『如果舉出我國現在的社會基礎　那末它就完全適合這種事實　國家的全部國民經濟都成了社會主義的。就這種意義說來　我們已經解決了肅清階級的任務』（莫洛托夫）還留有被肅清了的階級之殘餘　還沒有完全撲滅個別的敵意分子　社會主義國家對他們進行了毫不妥協的鬥爭　如同對他們一樣　也對資本主義在經濟中及人們意識中的殘餘進行了鬥爭　這一切　都是共產主義社會第一階段上不可避免的『遺跡』

現在蘇維埃國家的制度　準備着產生和發展將來的共產主義社會的要素　萌芽的條件。爭取發展勞動生產性的羣衆運動　就是一個這樣的要素　這種運動發生在一九三五年　是在斯大哈諾夫運動的名稱下著名的。社會主義國家生產力的猛烈成長、工業和農業中新技術的發展、新的生產幹部對這些技術的熟習成功、這些幹部文化—技術水準一般的提高、全國民衆物質福利的迅速

加大——這一切 使爭取高度勞動生產性的鬥爭成了勞動者們切身的事情 斯大哈諾夫運動，反映了勞動者達到最高勞動生產性的水準——資本主義生產中不可能的水準——的熱望，反映了工人和集體農民斷然提高自己的文化技術水準的熱望。斯大林這樣說明了這種運動的特性 它在『準備着由社會主義過渡到共產主義去的條件』（斯大林．蘇聯全國第一次斯大哈諾夫運動者會議上的演說）大衆文化技術的提高 將達到克服體力勞動和智力勞動之間的對立性 將達到財富空前的加多 將達到可能完全滿足社會一切人員的需要 將達到實現這樣的原則『各盡所能 各取所需』——這種大衆文化技術水準的提高 是共產主義勝利的最重要的條件。

（社會科學簡明教程第二講）

·幹部必讀·

社會發展簡史

編者　解放社

出版者　解放社

發行者　新華書店

一九四九年七月出版·

1—50,000(P)